Œuvres & thèmes

Collection dirigée par Hélène Potelet et Georges Décote

Les textes fondateurs 5^e^

Yvain ou le Chevalier au lion

(traduction de Philippe Walter, Éd. Gallimard)

Le Roman de Renart

(traduction de Micheline Combarieu de Grès et Jean Subrenat pour les extraits 1 à 4 ; traduction de Elisabeth Pinto-Mathieu pour les extraits 5 et 6)

Le Livre des Merveilles

(traduction de Louis Hambis, Éd. Klincksieck)

Gargantua, Pantagruel, Le Quart Livre

(traduction de Guy Demerson, Éd. du Seuil)

Hatier
ris 2003
3N 2-218-**74344**-2
SN 0184 0851

Fabienne Serin-Moyal,
agrégée de Lettres classiques

HATIER

Sommaire

Première partie

Yvain ou le Chevalier au lion

Deuxième partie

Le Roman de Renart

Troisième partie

Le Livre des Merveilles

Quatrième partie

Gargantua, Pantagruel, Le Quart Livre

Première partie

Yvain ou le Chevalier au lion

Chrétien de Troyes

Manuscrit français 1433, BNF, Paris.

Introduction

Chrétien de Troyes et *Yvain ou le Chevalier au lion*

Le Moyen Âge

Nous appelons « Moyen Âge » un immense pan de notre histoire (presque mille ans !) qui va du Ve au XVe siècle, de la chute de l'Empire romain (476) à la découverte des Amériques (1492). Dans cette vaste période, les historiens distinguent trois grands moments :
- le haut Moyen Âge, époque chaotique de bouleversements et d'invasions durant laquelle la France se forme peu à peu, sous les deux dynasties de rois francs, les Mérovingiens puis les Carolingiens ;
- une période plus stable, du XIe au XIIIe siècle, marquée par l'arrivée au pouvoir des rois capétiens et par les Croisades, qui voit la naissance de la littérature en langue française ;
- une nouvelle époque de perturbation, aux XIVe et XVe siècles, avec la terrible épidémie de peste noire et la guerre de Cent Ans.

Le roman

À l'origine, le mot « roman » désigne la langue parlée au XIIe siècle dans le nord de la France, langue que l'on appelle aujourd'hui « ancien français ». Par extension, on donne aussi le nom de « romans » aux récits écrits dans cette langue populaire orale, par opposition aux ouvrages en latin, langue savante jusque-là réservée à l'écriture.
À cette époque, le roman est un genre narratif très différent de ce qu'il est aujourd'hui : texte non fixé, il est soumis à de nombreuses variantes ; destiné à un auditoire, il est écrit en vers, plus commodes à réciter.
Composé pour un public seigneurial, il reprend les valeurs et les thèmes déjà présents dans l'épopée : courage, habileté au combat, exploits guerriers... Mais il développe en même temps une nouvelle conception des relations humaines, raffinée et exigeante, la courtoisie. Parce qu'il propose cet idéal qui devrait être celui des gens de cour, il a souvent reçu le nom de « roman courtois ».

Chrétien de Troyes

Le plus grand romancier du Moyen Âge se nomme Chrétien de Troyes (1135 ?-1190 ?). On sait seulement de lui qu'il était clerc (homme d'Église lettré), originaire de la ville de Troyes et qu'il mena une brillante carrière littéraire, sous la protection de Marie de Champagne, fille d'Aliénor d'Aquitaine et de Louis VII, et, plus tard, à la cour de Flandres. Il est surtout l'un des rares écrivains à avoir signé ses œuvres. Auteur de cinq romans dont seuls les trois premiers sont achevés, *Erec et Enide, Cligès, Yvain ou le chevalier au lion, Lancelot ou le chevalier de la charrette, Perceval ou le Conte du Graal*, il a puisé son inspiration dans la matière de Bretagne qu'il a enrichie et affinée.

La matière de Bretagne

On appelle ainsi les anciennes légendes celtes qui mettent en scène le roi Arthur et les chevaliers de la Table ronde. Inspiré d'un obscur personnage historique en lutte contre l'envahisseur saxon, Arthur est un héros légendaire, protégé de l'enchanteur Merlin et de la fée Morgane. Il est le roi du pays de Logres, qui correspond à la Grande Bretagne et à la Bretagne française. On retrouve également autour de la célèbre table qui les met tous à égalité, les plus valeureux de ses chevaliers : ce sont eux les véritables héros des romans de Chrétien.

Féerie et réalité

Les héros du roman courtois – également appelé roman breton ou roman arthurien – évoluent dans des lieux imaginaires ou transfigurés par l'imagination, comme la forêt de Brocéliande, célèbre pour ses sortilèges ; ils croisent des fées, des enchanteurs, des personnages maléfiques ; ils possèdent des objets magiques et assistent à des prodiges. Cependant, ils ne sont pas seulement des êtres fictifs mais témoignent aussi des façons de vivre des seigneurs du XIIe siècle.
Par la fantaisie dont ils font preuve et les valeurs qu'ils défendent, les romans courtois nous montrent que le Moyen Âge n'est pas la période de barbarie résumée par l'adjectif péjoratif « moyenâgeux » ; foisonnants de passions et de couleurs, ils témoignent, comme les enluminures des manuscrits, de la splendeur et de la richesse médiévales.

Extraits 1 et 2

La mésaventure de Calogrenant

« Je m'approchai du paysan... »

Arthur, le bon roi de Bretagne qui, par sa prouesse, nous enseigne à être preux et courtois, tenait une cour somptueuse et vraiment royale lors de cette fête si coûteuse qui s'appelle fort justement la Pentecôte. La cour se trouvait à Carduel au pays de Galles. Après le repas, dans toutes les salles du château, les chevaliers s'assemblèrent là où les dames et les demoiselles les avaient invités. Les uns racontaient des histoires, les autres parlaient d'Amour [...]. Voilà pourquoi il me plaît de raconter une histoire captivante au sujet du roi dont l'extraordinaire renommée s'est répandue partout de nos jours. Je m'accorde sur ce point aux Bretons : son nom vivra toujours et, grâce à lui, on conserve le souvenir des chevaliers d'élite qui souffraient pour conquérir l'honneur. Ce jour-là toutefois, les chevaliers s'étonnèrent de voir le roi se lever et quitter leur compagnie. Cela déplut fort à certains qui se lancèrent dans de longs commentaires, car ils n'avaient jamais vu le roi, lors d'une si grande fête, se rendre dans sa chambre pour aller dormir et pour se reposer. Ce jour-là, pourtant, la reine[1] le retint auprès d'elle ; il demeura tant à ses côtés qu'il s'oublia et s'endormit. Dehors, à la porte de la chambre, se trouvaient Dodinel, Sagremor, Keu, monseigneur Gauvain et monseigneur Yvain.

Calogrenant se tenait en leur compagnie ; ce chevalier fort avenant avait entrepris pour eux un conte, moins à son honneur qu'à sa honte.

1. La reine Guenièvre.

« Il y a plus de sept ans, il advint que je me trouvai seul comme une âme en peine. J'étais parti en quête d'aventures, armé de pied en cap comme il sied à un chevalier. J'avais pris un chemin sur ma droite et m'engageais dans une épaisse forêt. C'était un sentier assez traître, plein de ronces et d'épines. Non sans peine, je suivis cette voie et ce sentier. Je chevauchai pendant presque une journée jusqu'au moment où je quittai la forêt, celle de Brocéliande[2]. Sorti de la forêt, j'arrivai dans une lande quand je trouvai, dans un essart[3], des taureaux aussi sauvages que des léopards ; ils s'affrontaient entre eux et faisaient un tel bruit, manifestaient une telle cruauté et une telle sauvagerie que, si vous voulez savoir la vérité, j'eus un moment de recul ; aucun animal en effet n'est plus sauvage et plus farouche que le taureau. Un paysan qui ressemblait à un Maure[4], démesurément laid et hideux – décrire une telle laideur est impossible ! – s'était assis sur une souche et tenait une grande massue à la main. Je m'approchai du paysan et vis qu'il avait la tête plus grosse qu'un roncin[5] ou qu'une autre bête, les cheveux ébouriffés et le front pelé, large de presque deux empans[6], les oreilles velues et grandes comme celles d'un éléphant, les sourcils énormes, la face plate, des yeux de chouette, un nez de chat, une bouche fendue comme celle du loup, des dents de sanglier, acérées et rousses, une barbe rousse, des moustaches entortillées, le menton accolé à la poitrine, l'échine voûtée et bossue. Appuyé sur sa massue, il portait un habit bien étrange, sans lin ni laine, mais, à son cou, étaient attachées deux peaux fraîchement écorchées de deux taureaux ou de deux bœufs.

2. L'actuelle forêt de Paimpont, en Ille-et-Vilaine.
3. Espace défriché au milieu d'une forêt.
4. Ce mot désigne au Moyen Âge l'ennemi par excellence, l'Infidèle contre lequel on partait en croisade. On lui prêtait les pires défauts, physiques et moraux.
5. Cheval de somme (voir « Se documenter », p. 42).
6. Mesure de longueur équivalente à la distance qui sépare le pouce du petit doigt quand la main est ouverte.

Le paysan se dressa sur ses jambes dès qu'il me vit approcher. Je ne savais pas s'il voulait me toucher et j'ignorais ce qu'il cherchait au juste mais je me tenais sur mes gardes jusqu'à ce que je le voie debout, tout coi et immobile ; il était monté sur un tronc d'arbre et mesurait bien dix-sept pieds[7]. Il me regarda sans mot dire, tout comme l'aurait fait une bête. Je croyais qu'il n'avait pas l'usage de la parole et qu'il était dépourvu d'intelligence. Néanmoins, je m'enhardis suffisamment pour lui dire : « Hé, là ! Dis-moi donc si tu es une bonne créature ou non ! – Je suis un homme, me répondit-il. – De quelle sorte ? – De l'espèce que tu vois ! Je ne change jamais[8]. – Que fais-tu ici ? – Je m'y tiens et je garde les bêtes de ce bois. – Tu les gardes ? Par saint Pierre de Rome, elles ne savent pas alors ce qu'est un homme ! Depuis quand garde-t-on une bête sauvage, dans une plaine, un bois ou ailleurs, sans l'attacher ou la parquer ? – Je garde pourtant celles-ci et les soumets à ma volonté : jamais elles ne quitteront cet enclos. – Tu les soumets ? Dis-moi la vérité ! – Aucune n'ose bouger dès qu'elles me voient venir. Quand j'en attrape une, je l'empoigne fermement et puissamment par les cornes. Alors, toutes les autres tremblent de peur et m'entourent comme pour crier grâce. Mais toute autre personne que moi qui se trouverait au milieu d'elles ne pourrait éviter une mort immédiate. C'est ainsi que je règne sur mes bêtes. À ton tour de me dire quel homme tu es et ce que tu cherches ! – Je suis, comme tu vois, un chevalier qui cherche l'introuvable. Ma quête a duré longtemps et, pourtant, elle est restée vaine. – Et que voudrais-tu trouver ? – L'aventure, pour mettre à l'épreuve ma vaillance et mon courage. Je te prie, je te demande et je t'implore de me conseiller une aventure ou une merveille, si tu en connais une. »

7. Environ cinq mètres.
8. Je n'ai pas le pouvoir surnaturel de me métamorphoser.

Repérer et analyser

La situation d'énonciation

On appelle situation d'énonciation l'ensemble des circonstances dans lesquelles est produit un énoncé oral ou écrit. Identifier la situation d'énonciation, c'est donc se demander : qui parle ? à qui ? quand ? où ?
Au Moyen Âge, étant donné que peu de gens savaient lire, les romans étaient lus à haute voix par leur auteur ou par un conteur.

1 Qui le pronom « je » désigne-t-il dans le premier paragraphe ?

2 **a.** Qui est Calogrenant ? Délimitez les lignes dans lesquelles il devient le narrateur du récit.
b. À qui Calogrenant s'adresse-t-il ? Relevez deux pronoms qui désignent son auditoire (l. 22 à 38).

3 **a.** Relevez les indications de lieu et de temps des lignes 1 à 32.
b. Lesquelles renvoient à la situation d'énonciation du narrateur (le moment où le narrateur raconte l'histoire) ? Lesquelles renvoient au moment de l'histoire racontée par Calogrenant ?

Le cadre codifié

(voir l'introduction, « La matière de Bretagne », p. 7)

4 Quels noms de personnages et de lieux sont caractéristiques du roman courtois ?

Les personnages

Le personnage du chevalier (voir « Se documenter », p. 13)

5 **a.** Que signifie l'adjectif « preux » dans la première phrase ? Relevez dans la même phrase un nom de la même famille.
b. À partir de quel nom l'adjectif « courtois » est-il formé ? Précisez le sens de cet adjectif.

6 En quoi Calogrenant est-il un chevalier errant ? Pour répondre, appuyez-vous sur les lignes 25 à 28 et 76 à 81.

7 **a.** Que cherche Calogrenant ? Dans quel but ? Citez le texte.
b. Quelles difficultés et quels dangers croise-t-il sur sa route avant de rencontrer le paysan ? Justifiez votre réponse.

Le paysan

8 Reliez par une flèche les différentes parties du corps du paysan aux adjectifs qui les qualifient (faites les accords nécessaires).

Les cheveux •	• acéré
L'échine •	• pelé
Les dents •	• velu
Les sourcils •	• bossu
Les moustaches •	• roux
Le front •	• voûté
Le menton •	• énorme
Les oreilles •	• plat
La barbe •	• fendu
La face •	• entortillé
La bouche •	• accolé à la poitrine
	• ébouriffé

9 Les comparaisons et les métaphores

La comparaison rapproche deux éléments, le comparé (mot que l'on compare) et le comparant (mot auquel on compare) pour en souligner le point commun. Elle est introduite par un outil de comparaison (comme, etc.).
La métaphore rapproche elle aussi deux éléments mais sans utiliser d'outil de comparaison.

a. Relevez et analysez les comparaisons et les métaphores qui caractérisent le paysan. À quel champ lexical appartiennent-elles ?
b. L'image donnée du paysan est-elle méliorative ou péjorative ?

10 Quels sont les pouvoirs de l'homme ? Relevez des expressions qui montrent sa puissance.

Les relations entre les personnages

11 **a.** Quels différents sentiments Calogrenant éprouve-t-il face à l'homme ? Appuyez-vous sur des expressions précises et sur les types de phrases qui reviennent le plus souvent dans ses paroles.
b. En quoi l'attitude de Calogrenant vis-à-vis de l'homme évolue-t-elle ? Justifiez votre réponse.

Les hypothèses de lecture

12 Relisez la dernière phrase de l'extrait. À quelle suite pouvez-vous vous attendre ? Mettez vos hypothèses en commun.

Étudier la langue

13 Que signifie l'expression « armé de pied en cap » (l. 26-27) ? En sachant que le mot latin « caput, capitis », la tête, a donné les mots cap et chef, cherchez le plus possible de mots de la même famille.

14 Quel est l'infinitif du verbe « il sied » (l. 27) ? Quelles formes de ce verbe sont encore utilisées de nos jours ?

Écrire

Rédiger un portrait

15 Décrivez un personnage à l'apparence attirante et sympathique. Vous respecterez l'organisation du portrait (l. 41 à 51), et vous utiliserez des comparaisons et des métaphores appropriées.

Se documenter

L'idéal chevaleresque

Un chevalier est un jeune noble qui a reçu l'adoubement : au cours de cette cérémonie, après s'être purifié de ses péchés par un bain et avoir passé une nuit en prières, il reçoit ses armes et son équipement et fait le serment d'agir conformément aux lois de la chevalerie. Le code de l'honneur chevaleresque impose de ne pas se jeter à plusieurs sur un autre chevalier, mais de se mesurer à lui en combat singulier. De même, le chevalier vainqueur a le pouvoir de vie ou de mort sur le vaincu, mais si le vaincu demande grâce, il doit lui laisser la vie sauve. Enfin, il s'engage à défendre les faibles et les opprimés. Certains chevaliers félons, c'est-à-dire déloyaux, transgressent ces règles. Souvent, les héros de Chrétien deviennent pour un temps des chevaliers errants : loin de leur palais ou de la cour du roi Arthur, ils voyagent seuls, en quête d'exploits à accomplir ainsi que des occasions de servir la justice et le droit. Parfois aussi, le chevalier part à la recherche de la dame de ses pensées pour la servir dans tout ce qu'elle lui commandera. Dans les romans plus tardifs, les chevaliers sont en quête du Graal, le vase mythique dans lequel aurait été recueilli le sang du Christ. La quête devient alors une recherche d'absolu qui n'a jamais de fin.

« J'aperçus l'arbre et la fontaine... »

Le paysan indique à Calogrenant le chemin de la fontaine de Barenton, une fontaine bouillonnante qui déchaîne la tempête si l'on accomplit certains gestes. Le chevalier décide d'affronter le prodige...

L'heure de tierce[1] était peut-être passée et on devait être aux alentours de midi quand j'aperçus l'arbre et la fontaine. Je sais parfaitement que l'arbre était le plus beau pin qui eût jamais poussé sur la terre. À mon avis, jamais une goutte de pluie, même s'il avait plu assez fort, n'aurait pu le traverser ; elle aurait plutôt coulé par-dessus. Je vis le bassin qui pendait à l'arbre ; il était de l'or le plus fin jamais vendu dans une foire. Quant à la fontaine, vous pouvez me croire, elle bouillonnait comme de l'eau chaude. Son perron[2], d'une seule émeraude percée comme une outre, était soutenu par quatre rubis plus flamboyants et vermeils que le soleil du matin se levant à l'orient. Je ne vous raconterai pas le moindre mensonge à ce propos, en toute connaissance de cause. Le spectacle merveilleux de la tempête et de l'orage me plut et, à cause de lui, je ne me considère plus comme quelqu'un de raisonnable, car je devrais me repentir sans tarder, si cela était possible, d'avoir arrosé la pierre percée avec l'eau du bassin. J'en avais trop versé, assurément, car je vis le ciel si déchiré qu'en plus de quatorze endroits les éclairs me frappaient les yeux alors que les nuées jetaient, pêle-mêle, pluie, neige et grêle. La tempête fut si mauvaise et si forte que je crus mourir cent fois de la foudre qui tombait autour de moi et des arbres qui se brisaient. Sachez que mon immense frayeur dura jusqu'à ce que le temps se radoucît. Mais Dieu me rassura bientôt car la tempête ne dura guère et tous les vents s'apaisèrent.

1. Troisième heure (± 9 heures du matin). | **2.** Margelle de pierre.

Aussitôt que Dieu le décida, ils n'osèrent plus souffler. Quand je vis la clarté et la pureté de l'air, je retrouvai ma joyeuse sérénité[3] car la joie, si j'ai jamais appris à la connaître, fait vite oublier les grands tourments. Après la tempête, des oiseaux se rassemblèrent sur le pin et, le croira qui voudra, chaque branche, chaque feuille en était recouverte. L'arbre n'en était que plus beau. Le doux chant des oiseaux laissait entendre une harmonieuse musique. Chacun chantait une mélodie différente ; nul ne reprenait l'air entonné par les autres. Leur joie me réjouit ; je les écoutai jusqu'à la fin de leur office. Jamais mes oreilles n'avaient encore eu droit à pareille fête. Personne, je pense, n'aurait pu jouir autant que moi d'une telle musique ; celle-ci me procurait un plaisir suave, à en perdre la raison. Je restai dans cet état jusqu'à ce que j'entende arriver un chevalier [...].

Furieux parce que la tempête a ravagé son territoire, le chevalier attaque Calogrenant. Le combat tourne au désavantage de ce dernier qui tombe de cheval, et, à sa grande honte, doit retourner à pied à Carduel...

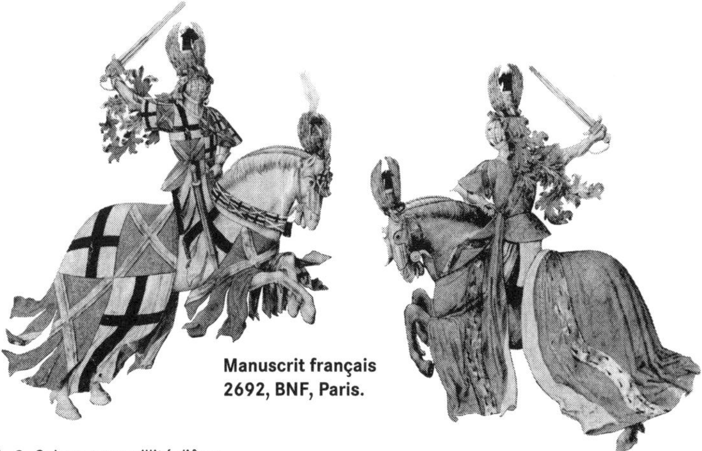

Manuscrit français 2692, BNF, Paris.

3. Calme, tranquillité d'âme.

Questions

Repérer et analyser

La situation d'énonciation

1 Qui est le narrateur ? Relevez les passages dans lesquels il cherche à convaincre son auditoire de la véracité de son récit.

Le merveilleux

Le merveilleux se caractérise par la présence d'éléments surnaturels, féeriques ou magiques que l'on ne peut rencontrer dans la réalité.

2 **a.** En quoi la fontaine est-elle merveilleuse (l. 82 à 94) ?
b. Quel geste de Calogrenant a déchaîné la tempête ?

3 Relevez les expressions par lesquelles le narrateur souligne le caractère extraordinaire des lieux et des événements.

4 **a.** En quoi le retour du beau temps présente-t-il aussi un caractère surnaturel ? À qui Calogrenant attribue-t-il l'apaisement de la nature ?
b. Quel est le sens (vue, odorat, toucher…) le plus sollicité ?

La visée

5 Quelle est la visée de l'énonciateur (effet qu'il cherche à produire sur son destinataire) lorsqu'il raconte cette histoire ?

Écrire

6 Dans une description organisée, présentez un lieu qui a suscité votre émerveillement et expliquez les raisons de votre enthousiasme.

Extrait 3

La vengeance d'Yvain

« Ils se portaient des coups violents... »

Calogrenant a terminé son récit. Yvain, son cousin, décide de se rendre à Barenton pour le venger...

Monseigneur Yvain enfourche immédiatement sa monture ; il vengera, s'il le peut, la honte infligée à son cousin, avant de regagner sa demeure. L'écuyer[1] se précipite aussitôt sur le bon cheval et l'enfourche sans tarder ; il ne manquait pas un fer et pas un clou à cette monture. L'écuyer suivit son maître au grand galop ; soudain, il l'aperçut à pied. Yvain l'attendait depuis peu, à l'écart du chemin, dans un lieu retiré. L'écuyer lui apporta tout son harnais[2], puis il l'aida à s'équiper. Aussitôt armé, monseigneur Yvain ne s'attarda pas davantage.

Yvain trouve la fontaine, déchaîne la tempête et voit arriver le chevalier...

Dès qu'ils s'aperçurent, ils s'élancèrent l'un contre l'autre et se montrèrent clairement qu'ils se détestaient à mort. Chacun d'eux possédait une lance roide[3] et solide. Ils se portaient des coups violents à en perforer leurs écus ; leurs hauberts se démaillaient, leurs lances se fendaient et éclataient ; les tronçons volaient en l'air. Ils se battirent alors à l'épée ; chaque coup tranchait un peu plus les courroies de leurs écus. Ceux-ci, hachés par-dessus et par-dessous, laissaient pendre des lambeaux et ne servaient plus à rien. Les écus déchiquetés contraignirent les combattants à éprouver leurs épées étincelantes directement sur les aisselles, la poitrine ou les hanches

1. Homme au service d'un chevalier. 2. Armure. 3. Raide.

de leur adversaire. Ils se mirent farouchement à l'épreuve et, solidement plantés comme deux rocs, ils ne reculèrent pas d'un pouce. Jamais deux chevaliers ne dépensèrent autant d'énergie pour hâter leur propre mort. Ils ne craignaient pas de gaspiller leurs coups et en tiraient le profit qu'ils pouvaient. Ils cabossaient et défonçaient leurs heaumes, faisaient voler les mailles de leurs hauberts et leur sang coulait à flots. Leurs coups les avaient tellement échauffés que leurs hauberts étaient devenus pour eux aussi inutiles que le froc d'un moine. Ils se frappaient d'estoc au milieu du visage. Il fallait s'émerveiller de voir s'éterniser une bataille si féroce et si rude. Mais l'un et l'autre avaient le cœur si farouche qu'ils ne cédèrent pas un pouce de terrain, sans avoir au préalable blessé à mort l'adversaire. Ils se comportèrent en vrais preux car ils ne frappèrent ni n'estropièrent jamais les chevaux : ce n'était pas dans leur intention et ils n'auraient même pas daigné le faire. Ils ne quittèrent pas la selle de leur cheval ; pas une seule fois ils ne mirent pied à terre : la bataille n'en fut que plus belle. Finalement, monseigneur Yvain fit éclater le heaume du chevalier. Sous la force du coup, son adversaire fut ébranlé et perdit tous ses moyens. Il prit peur ; jamais il n'avait essuyé un coup aussi atroce. Sous la coiffe, son crâne était fendu jusqu'à la cervelle ; des lambeaux de son cerveau et des taches de sang maculaient[4] les mailles de son éclatant haubert. Il éprouva une si violente douleur que son cœur manqua de défaillir. Il ne lui restait plus qu'à fuir parce qu'il se sentait blessé à mort. Il ne lui servait plus à rien de se défendre.

4. Salissaient, souillaient.

Repérer et analyser

La situation d'énonciation

1 Le narrateur est-il toujours Calogrenant ? Justifiez votre réponse en vous reportant aux extraits précédents.

2 Citez un ou deux commentaires du narrateur. Quel jugement porte-t-il sur les personnages ?

Les personnages et le rythme du récit

3 **a.** Quel est le champ lexical dominant au début du texte (l. 1 à 9) ? En quoi est-il en rapport avec l'identité des personnages ?
b. Quel est le rôle de l'écuyer ? De quelles qualités fait-il preuve ?

4 Qui sont les deux combattants ?

5 Montrez que le narrateur souligne la rapidité des actions en jouant sur les temps des verbes et sur le lexique (l. 1 à 9).

Le combat

6 Relevez les mots qui désignent l'équipement du chevalier et replacez-les à l'endroit qui convient sur la silhouette ci-contre.

7 **a.** Relevez tous les termes qui soulignent la violence du combat (l. 10 à 33) et classez-les selon leur nature grammaticale (noms, adjectifs, verbes, adverbes).
b. Quelle catégorie de mots est la plus représentée ? Quel est l'effet produit ?

8 Quelle figure de style est utilisée dans l'expression « leurs hauberts étaient devenus pour eux aussi inutiles qu'un froc de moine » (l. 28-29) ? Quel sens donnez-vous à cette expression ?

9 **a.** Les deux adversaires paraissent-ils d'abord de force égale ? Justifiez votre réponse.
b. À quelles différentes règles de la chevalerie les combattants obéissent-ils ? Appuyez-vous sur des expressions du texte.
c. Qui a finalement l'avantage ?

Étudier la langue

10 Que signifie « frapper d'estoc » (l. 29-30) ? Qu'est-ce qu'une estocade ? Que fait le chevalier quand il frappe « d'estoc et de taille » ?
11 Quel est le sens de l'adjectif « tonitruant » ? Quelle est son origine ? Trouvez d'autres mots de la même famille.
12 Le champ sémantique

> Le champ sémantique est l'ensemble des sens donnés par le dictionnaire.

Recherchez le champ sémantique des mots « écus » et « écuyer » et expliquez l'évolution de leur sens.

Enquêter

13 Les chevaliers étaient particulièrement attachés à leurs épées, à qui ils donnaient même un nom. Faites des recherches afin de rendre à ces héros leur précieuse alliée :

Arthur •	• Joyeuse
Charlemagne •	• Haute Claire
Roland •	• Excalibur
Olivier •	• Durandal

Écrire

Raconter un affrontement sportif

14 Racontez un affrontement sportif (judo, escrime, boxe…) dans lequel les deux adversaires mettront toute leur énergie mais respecteront aussi des règles précises. Vous vous efforcerez d'employer un vocabulaire précis et de rendre compte de l'ardeur du combat.

Extrait 4

Au château de Barenton

« Celui qui portait ainsi cette bague devenait invisible... »

Yvain poursuit le chevalier mourant jusqu'à son donjon. Alors qu'il en franchit la porte, une lourde lame de fer, tranchante comme un rasoir, s'abat sur lui, coupant son cheval en deux. Yvain est indemne mais prisonnier. Survient une demoiselle. D'abord effrayée, elle reconnaît en Yvain le courtois chevalier qui lui a autrefois rendu service...

« Je vous ai parfaitement reconnu : vous êtes le fils du roi Urien et vous vous appelez monseigneur Yvain. Soyez sûr que désormais, si vous vous en remettez à moi, vous ne serez ni capturé ni maltraité. Prenez ma petite bague ! La voici ! Et, s'il vous plaît, rendez-la-moi lorsque je vous aurai délivré ! » Elle lui confia alors sa petite bague et lui dit qu'elle avait exactement la même vertu que l'écorce qui recouvre le bois pour le rendre invisible. Toutefois, il fallait prendre une précaution : en passant l'anneau à son doigt, on devait dissimuler la pierre du chaton[1] dans le poing fermé. Celui qui portait ainsi cette bague devenait invisible pour tout le monde, même pour une personne écarquillant les yeux. Il restait aussi invisible que le bois recouvert de l'écorce qu'il a produite. Cela plut beaucoup à monseigneur Yvain. Après ces explications, la jeune fille le fit asseoir à côté d'elle sur un lit recouvert d'une somptueuse couette : jamais le duc d'Autriche n'en posséda une semblable. Elle lui proposa de lui apporter à manger et il répondit que cela lui serait agréable. La demoiselle courut aussitôt dans sa chambre et revint aussi vite : elle lui apportait un chapon rôti

1. Partie d'une bague où s'enchâsse une pierre.

et une large tranche de pain ainsi qu'une nappe, un pichet de vin d'un bon cru et recouvert d'un hanap étincelant. Elle lui offrit ainsi ces victuailles et Yvain, qui avait très faim, mangea et but généreusement.

Après son repas, les chevaliers qui le cherchaient se répandirent dans le château. Ils voulaient venger leur seigneur qu'on avait déjà mis en bière. La jeune fille [...] se retira et, après son départ, toute l'engeance[2] armée de bâtons et d'épées fit irruption dans la pièce.

[...] Ils entrèrent tous comme un seul homme. Ils aperçurent la seconde moitié du cheval mort devant le seuil mais aucun d'eux n'eut les yeux qu'il fallait pour voir monseigneur Yvain qu'ils voulaient tuer de leurs mains. Yvain, quant à lui, les voyait enrager et s'emporter : « Que se passe-t-il ? disaient-ils. Dans cette pièce, il n'y a pourtant aucune porte ni aucune fenêtre par où il aurait pu s'enfuir, à moins d'être un oiseau, un écureuil, un souslic[3], une bête aussi petite ou encore plus minuscule. Les fenêtres sont closes de grilles, et on a fermé les portes lorsque notre seigneur est sorti d'ici. Mort ou vif, celui que nous cherchons est ici. Il ne peut pas être dehors ! Une moitié de sa selle se trouve à l'intérieur, nous le voyons bien, mais il n'y a aucune trace de sa présence, excepté les tronçons d'éperons tombés de ses pieds. Cherchons dans tous les recoins et trêve de bavardages ! Il est encore ici, sûrement ! Sinon, on nous a tous ensorcelés ou alors des esprits nous l'ont ravi. » Échauffés par la colère, ils le cherchaient partout dans la salle, tapant sur les murs, sur les lits et sur les bancs. Les coups n'atteignirent pourtant pas le lit où le chevalier était couché ; il ne reçut pas le moindre choc ; on ne l'effleura même pas. Néanmoins, ils frappaient tout autour de lui et menaient une bien belle bataille avec leurs bâtons, comme

2. Groupe de personnes peu sympathiques. | **3.** Variété de petit rongeur.

des aveugles qui chercheraient quelque chose à tâtons. Pendant qu'ils fouillaient sous le lit et sous les escabeaux, arriva une des plus belles dames qu'un mortel puisse contempler. Personne n'évoqua jamais une chrétienne d'une telle beauté. Elle était toutefois si éperdue de douleur qu'elle faillit attenter plusieurs fois à sa vie. Elle criait le plus fort possible puis tombait inanimée. Aussitôt debout, comme une folle, elle se mettait à se lacérer[4], à s'arracher les cheveux et à déchirer ses vêtements. Elle s'évanouissait à chaque pas; rien ne pouvait la consoler parce qu'elle voyait devant elle, sur un brancard, son époux qu'on emportait. Jamais, pensait-elle, elle ne s'en consolerait.

Monseigneur Yvain entendit les cris et le désespoir indicible de la dame; à ce jour, on n'en a jamais décrit un semblable, dans aucun livre. La procession passa. Toutefois, au milieu de la salle, régna soudain une grande agitation autour du brancard car un sang vermeil[5] encore chaud se mit à couler des plaies du cadavre. C'était la preuve manifeste que celui qui s'était battu avec le mort, celui qui l'avait vaincu et tué, se trouvait encore dans la pièce. Alors, ils cherchèrent partout et sans relâche; ils fouillèrent les lieux et les remuèrent de fond en comble jusqu'à suer d'angoisse et d'excitation, pour avoir vu ce sang vermeil coulant goutte à goutte. Cette fois, monseigneur Yvain reçut une volée de coups à l'endroit où il se trouvait mais il ne bougea pas pour autant. Les gens criaient de plus belle en voyant les plaies se rouvrir. Ils s'étonnaient de les voir saigner sans trouver la personne qu'elles accusaient. Chacun se disait: « L'assassin est parmi nous et nous ne le voyons pas! Quel prodige diabolique! » Cela aiguisait encore le désespoir de la dame qui perdait l'esprit et criait comme une folle: « Ah, Dieu! Ne trouvera-t-on pas le criminel, le traître qui a tué mon brave époux? »

4. Se griffer.

5. Rouge vif.

Questions

Repérer et analyser

Les personnages

Dans de nombreux récits, un personnage peut recevoir l'aide d'adjuvants ou être entravé par des opposants.

1 Classez les personnages selon qu'ils sont des adjuvants ou des opposants pour Yvain. Pourquoi l'aident-ils ou s'opposent-ils à lui ?

2 La périphrase

La périphrase est une figure de style qui consiste à désigner un être, un élément par une expression qui en souligne une caractéristique.

Relevez la périphrase qui désigne les chevaliers (l. 24 à 28). Quel aspect de ces personnages met-elle en valeur ?

3 Quelles expressions soulignent l'intensité des recherches des chevaliers (l. 42 à 53 et l. 62 à 74) ? Relevez les termes qui montrent la brutalité de leurs actions. Yvain y échappe-t-il ?

4 **a.** Identifiez le personnage féminin qui survient (l. 51 à 61). Laquelle de ses qualités le narrateur souligne-t-il ? Citez le texte.
b. Donnez le sens des adjectifs dans les expressions « éperdue de douleur » (l. 55) et « le désespoir indicible » (l. 62).
c. Pour quelle raison la dame a-t-elle du chagrin ? Quelles actions montrent l'intensité de sa douleur ? Par quelle expression le narrateur en montre-t-il le caractère exceptionnel ?

Le merveilleux (voir la leçon, p. 16)

5 **a.** Quel est le pouvoir de la bague ? Comment fonctionne-t-elle ?
b. Relevez la comparaison qui en souligne le pouvoir.
c. Relevez les termes appartenant au champ lexical de la vue (l. 29 à 51). Qui voit ? Qui est vu ?

6 Quelle explication les chevaliers envisagent-ils pour expliquer l'échec de leur recherche ? Appuyez-vous sur des expressions précises.

7 La cruentation

On trouve dans de nombreux textes du Moyen Âge la croyance selon laquelle les blessures d'un homme tué se remettent à saigner en présence du meurtrier. On appelle ce phénomène la cruentation.

a. Quelles phrases décrivent le phénomène de la cruentation ?
b. Quelles conséquences ce phénomène a-t-il sur l'assistance ?

Enquêter

8 Recherchez l'origine du mot « mobilier » ainsi que de l'expression « dresser la table ». Quelles habitudes du Moyen Âge évoquent-ils ?

Se documenter

La vie au château

Le château fort n'est pas seulement un ouvrage militaire mais aussi la demeure du seigneur et de sa famille. Dans le donjon, le rez-de-chaussée est occupé par les réserves de vivres, les cuisines, les écuries. Au sous-sol, de profondes citernes et des silos à grains – qu'on appellera plus tard à tort des oubliettes ! – permettent de soutenir de longs sièges. À l'étage, la pièce principale est la salle commune réchauffée d'une grande cheminée ; à côté et au-dessus se trouvent chambres, latrines, salles des gardes, oratoire…

La vie devient au fil des siècles de plus en plus confortable. Les murs sont ornés de tapisseries ou de fourrures, qui servent aussi à isoler du froid. Les pièces sont remplies de meubles cirés et sculptés. Le sol est jonché d'herbes parfumées et de joncs les jours de fête.

Le château est une demeure ouverte aux hôtes de passage, quel que soit leur rang car les lois de l'hospitalité sont sacrées. La propreté est de rigueur : on fait prendre un bain à son hôte dès son arrivée et on se lave rituellement les mains avant les repas. Le châtelain et ses invités prennent place dans la grande salle, autour de la table, simple planche recouverte d'une nappe et posée sur des tréteaux, que l'on a « dressée » le temps du repas et que l'on démontera ensuite. Les serviteurs remplissent les hanaps (grandes coupes) et les gobelets et servent les convives dans des assiettes ou sur des tranches de pain tranchoir, un pain épais qui absorbe graisse et sauce. On mange avec trois doigts en s'aidant d'une cuillère et d'un couteau. Entre les plats on fait circuler des rince-doigts remplis d'eau parfumée.

Extraits 5 et 6

Yvain et Laudine

« Laudine, la dame de Landuc... »

Yvain ne songe plus à quitter le château : il est tombé amoureux de la belle dame entrevue ! La généreuse jeune fille, qui se nomme Lunette, lui vient encore en aide. Elle persuade sa maîtresse que seul celui qui a été capable de vaincre son valeureux époux est digne d'elle. La dame accepte de recevoir Yvain, à condition que nul ne sache qu'il est le meurtrier de son mari...

Monseigneur Yvain joint les mains, s'agenouille et, en véritable ami, déclare : « Ma dame, je n'implorerai pas votre pitié mais je vous remercierai plutôt de tout ce que vous voudrez me faire subir, car rien de vous ne saurait me déplaire. – Vraiment rien, sire ? Et si je vous tuais ? – Ma dame, je vous en remercierais et vous ne m'entendrez pas tenir d'autres propos. – Je n'ai jamais entendu un tel langage. Vous vous mettez à mon entière disposition sans que je vous contraigne en quoi que ce soit ! – Sans mentir, ma dame, nulle force n'est aussi puissante que celle qui m'ordonne de consentir en tout à votre volonté. Je ne crains nullement d'obéir à votre bon plaisir, quel qu'il soit, et, s'il était en mon pouvoir de réparer le meurtre dont je suis coupable envers vous, je le ferais sans discuter. – Comment ? fait-elle. Eh bien, vous serez quitte de la réparation si vous parvenez à me convaincre que vous ne m'avez causé aucun tort en tuant mon époux ! – Ma dame, fait-il, pardonnez-moi ! Quand votre époux m'a attaqué, quel tort ai-je eu de me défendre ? Un homme veut tuer ou capturer son adversaire, si l'autre se défend et le tue, dites-moi si ce dernier a le moindre tort ? – Nullement, du point de vue du droit, et je crois bien qu'il ne me servirait à rien de vous avoir fait exécuter. Mais j'aimerais bien savoir d'où vient la force qui vous contraint de vous soumettre à ma volonté, sans restriction. Je vous tiens quitte de tous vos torts et méfaits, mais asseyez-vous et contez-moi comment vous êtes dompté à présent. – Ma dame, cette force vient de mon cœur qui s'attache à vous. C'est mon cœur qui m'a mis dans cette disposition. – Et votre cœur, qui l'a soumis, cher et tendre ami ? – Dame, ce sont mes yeux ! – Et les yeux, qui ? – La grande beauté que je vis en vous. – Et la beauté, quel fut son crime ? – Ma dame, celui de me faire aimer. – Aimer, et qui ? – Vous, dame très chère ! – Moi ? – Oui, vraiment ! – De quelle manière ? – D'une manière qu'il ne peut exister de plus grand amour, telle que mon cœur ne vous quitte pas et que jamais je ne l'imagine ailleurs, telle qu'ailleurs je ne puis mettre mes pensées, telle qu'à vous je m'abandonne sans réserve, telle que je vous aime bien plus que moi-même, telle qu'à votre gré, si c'est votre désir, pour vous je veux mourir ou vivre. – Et oseriez-vous entreprendre de défendre la fontaine pour moi ? – Oui, assurément, ma dame, contre n'importe qui. – Alors sachez que la paix est conclue entre nous ! »

Les voilà rapidement réconciliés. La dame qui avait déjà réuni officiellement tous ses barons dit alors : « Rejoignons la salle où se trouvent tous ceux qui m'ont invitée et autorisée à prendre un mari, par la force des choses. Effectivement, la nécessité m'impose de le faire. Ici même je me donne à vous, car je ne dois pas refuser pour époux un bon chevalier et un fils de roi. »

C'est Amour qui lui ordonne d'exécuter ce dont elle requiert l'approbation. Les prières instantes ne l'importunent nullement ; au contraire, elles l'encouragent et l'engagent à suivre le penchant de son cœur. Devant tous ses barons, la dame se donne à monseigneur Yvain. Dc la main d'un chapelain, Yvain reçoit Laudine, la dame de Landuc, pour épouse.

Questions

Repérer et analyser

Les personnages

La dame

1 **a.** Quels sont le nom et le titre de la dame ? Citez la ligne où ils sont précisés.
b. En quoi ses paroles permettent-elles de l'identifier comme la maîtresse du château ? Appuyez-vous sur le mode des verbes.

Le point de vue

Le narrateur adopte un point de vue omniscient quand il fournit au lecteur de nombreuses informations sur la situation ainsi que sur les personnages, comme s'il savait tout d'eux, de leur présent, de leur avenir et qu'il pénétrait leurs pensées.

2 Relevez des passages dans lesquels le narrateur montre qu'il connaît les sentiments d'Yvain et ceux de la dame.

Le mode de narration : les paroles rapportées

Le narrateur peut choisir de rapporter les paroles des personnages au style direct : elles sont rapportées telles qu'elles ont été prononcées et sont identifiables par des signes typographiques (guillemets, tirets…).

3 **a.** Délimitez le passage qui présente le dialogue entre Yvain et la dame.
b. Quelles relations y a-t-il entre eux au début de l'entretien ? Pour répondre, rappelez quel tort Yvain a commis envers la dame.

4 Quels sont les sentiments successifs de la dame ? Après avoir relu attentivement les lignes 1 à 26, recopiez ses paroles selon qu'elles expriment l'étonnement, le défi, la curiosité ou l'ironie.

5 Comparez le début et la fin de l'entretien. En quoi les personnages évoluent-ils dans leur relation ? Pour répondre, appuyez-vous sur des termes ou expressions qu'ils utilisent au début de l'entretien. Quels termes différents emploient-ils à la fin (l. 26 à 41) ?

6 Quel est l'effet produit par la présence des paroles rapportées au style direct ?

Un thème : l’amour courtois

Les règles de l’amour courtois

7 En quoi l’attitude du chevalier envers la dame est-elle conforme aux règles de l’amour courtois ? Pour répondre :
- aidez-vous de la rubrique « Se documenter », p. 30 ;
- relevez les verbes ou locutions verbales qui montrent la soumission d’Yvain et dites à quels sacrifices Yvain est prêt (citez le texte) ;
- expliquez l’expression « à votre gré » (l. 37) et trouvez dans les lignes 7 à 14 deux expressions synonymes.

8 **a.** En quoi la déclaration d’amour d’Yvain (l. 26 à 32) présente-t-elle un caractère poétique (répétitions et effets de rythme) ?
b. Par quels procédés l’intensité de l’amour est-elle soulignée dans les lignes 33 à 38 ?

9 Une figure de style : l’allégorie

L’allégorie est une figure de style qui consiste à personnifier un sentiment ou une idée abstraite.

Relevez la phrase dans laquelle l’amour est présenté sous la forme d’une allégorie. Quel est l’effet produit ?

La dame

10 La dame avoue-t-elle qu’elle aime Yvain ? Qu’éprouve-t-elle réellement pour lui ? Présente-t-elle son mariage comme un mariage d’amour ? Pourquoi ? Que demande la dame à Yvain comme preuve d’amour ?

Écrire

11 À votre tour, écrivez une déclaration d’amour en vous efforçant d’utiliser des procédés qui montrent l’intensité de vos sentiments.

S’exprimer à l’oral

12 **a.** Présentez le dialogue d’Yvain et Laudine sous la forme d’une scène de théâtre. Vous n’oublierez pas de préciser le ton et les gestes des personnages par des didascalies (indications de mise en scène).

b. Apprenez les répliques d'un personnage et jouez la scène avec un de vos camarades devant la classe.

Enquêter

Les couples célèbres du roman courtois

13 La matière de Bretagne raconte des histoires d'amour qui sont restées célèbres, comme celle de Tristan et Iseut ou de Lancelot et Guenièvre. Faites des recherches sur ces deux couples légendaires et présentez à la classe les principaux épisodes de leur histoire sous forme d'exposé.

14 Qu'est-ce qu'un chevalier servant ? D'où vient cette expression ?

Se documenter

L'amour courtois

L'amour courtois est une nouvelle conception de l'amour empruntée aux troubadours du sud de la France, qui l'appellent « fin'amor », « amour parfait » en langue d'oc. L'amour courtois se présente comme une passion ardente, qui exclut toute lassitude et toute infidélité ; mais c'est aussi une passion maîtrisée dont on retarde la satisfaction afin de préserver son intensité : les obstacles rencontrés ne font que la renforcer. La dame aimée, l'amie, est souveraine ; sa beauté est le signe d'une âme noble et exigeante ; d'abord fière et réservée, elle impose au chevalier des épreuves qui sont destinées à tester sa valeur ainsi que l'intensité de ses sentiments. Par la suite, son amour viendra récompenser le chevalier digne d'elle. Celui-ci se comporte en « véritable ami » ou « fin amant » s'il voue à la dame un infini respect et se montre capable pour elle de tous les exploits et de tous les sacrifices. Ainsi idéalisé, l'amour est vécu comme un dépassement de soi et une recherche de perfection. Lorsque le chevalier ne se montre pas capable de tenir les promesses qu'il a faites à sa dame, il commet une faute et sombre alors dans le désespoir.

Étudier une image

15 Qu'est-ce qu'une miniature ?

16 À quelle catégorie sociale appartiennent les deux personnages ? Quels éléments du costume le montrent ? À quels détails reconnaît-on que le jeune homme est un chevalier ?

17 Décrivez et interprétez les gestes des personnages. Quels sentiments révèlent-ils ? En quoi l'attitude des deux personnages suggère-t-elle une scène d'amour courtois ?

18 Quel aspect du décor l'artiste a-t-il souligné ? Justifiez votre réponse.

19 Qui peut être le personnage à l'arrière-plan ?

Miniature du XVe siècle, musée Condé, Chantilly.

« Un tel vertige le saisit à la tête qu'il devient fou… »

Yvain vit heureux auprès de Laudine, mais il demande à son épouse de le laisser partir pour montrer sa valeur dans les tournois. Malgré son chagrin, Laudine accepte en lui faisant promettre d'être de retour dans un an. Grisé par ses victoires, Yvain oublie la date fixée. Laudine lui fait dire alors qu'elle ne le reverra jamais. Désespéré par sa faute, le chevalier devient fou de douleur…

Yvain s'éloigne à une certaine distance des tentes et des pavillons. Soudain, un tel vertige le saisit à la tête qu'il devient fou. Il déchire et lacère ses vêtements, s'enfuit dans les champs labourés en laissant désemparés[1] les gens qui se demandaient où il pouvait se trouver. Ils partent à sa recherche de-ci de-là, dans les logis des chevaliers, dans les haies ou les vergers. En fait, ils le cherchent là où il n'est pas. Yvain court à toutes jambes et trouve, près d'un enclos, un jeune homme qui tient un arc et cinq flèches barbelées, longues et acérées. Yvain s'approche du garçon pour lui ravir son petit arc et ses flèches. Au même instant, il ne se souvient plus de ses actes passés. Il guette les bêtes dans la forêt et les tue. Il mange de la venaison[2] toute crue. À force d'errer dans les bois, à la manière d'un fou et d'un homme sauvage, il trouve la demeure d'un ermite, une maison très basse et très petite. L'ermite défrichait. Quand il aperçut l'homme nu, il comprit sans la moindre hésitation que cet étranger n'avait plus toute sa raison. C'était un fou, il le savait bien. Effrayé, l'ermite se réfugia dans sa cabane. Par charité, le brave homme prit de son pain et de son eau pure et les déposa sur le rebord extérieur de son étroite fenêtre. Le forcené prit avidement le morceau qu'on lui offrait et y mordit. Il n'en avait jamais goûté de plus fort et de plus âpre. La pâte

1. Embarrassés, décontenancés.
2. Du gibier.

de ce pain n'avait pas coûté vingt sous le setier[3] car la mie était plus aigre que le levain, l'orge avait été pétrie avec la paille ; de plus, ce pain était moisi et sec comme une écorce. Toutefois, la faim le tenaillait et le pressait tellement qu'il faisait peu attention au pain. Une faim insatiable et dévorante contraint souvent à avaler n'importe quoi. Monseigneur Yvain mangea tout le pain de l'ermite car il le trouva bon ; puis il but l'eau fraîche du pot. Dès qu'il eut mangé, il se précipita à nouveau dans la forêt en quête de cerfs et de biches.

Yvain mène cette vie d'homme sauvage jusqu'au jour où la dame de Noroison et ses suivantes le découvrent endormi dans la forêt. Elles le reconnaissent et le guérissent de sa folie en le frottant d'un onguent fabriqué par la fée Morgane.

Manuscrit français 12400, BNF, Paris.

3. Mesure de capacité pour le grain (entre 150 et 300 litres).

Questions

Repérer et analyser

Le cadre

1 Quels sont les deux lieux qui s'opposent au début de l'extrait ? Citez le texte.

Les personnages

Yvain

2 Relevez les substituts nominaux qui désignent Yvain dans le texte (l. 63 à 75). Quelle image donnent-ils du jeune homme ?

3 Quels sont les symptômes de sa folie ? Comment se manifeste sa sauvagerie ?

4 En quoi l'apparence du jeune homme, ses armes, ses actions s'opposent-elles à celles du parfait chevalier ?

L'ermite

5 **a.** Qu'est-ce qu'un ermite ? Quelles sont ses conditions de vie ? Relevez des détails significatifs.
b. Quelles sont les réactions de l'ermite à la vue d'Yvain ? Par quels sentiments sont-elles commandées ?

6 « Monseigneur Yvain mangea tout le pain de l'ermite car il le trouva bon » (l. 82-83) : quelles précisions semblent montrer le contraire ? Comment expliquez-vous l'attitude du jeune homme ?

La visée et les hypothèses de lecture

7 **a.** Quelle est l'image du chevalier donnée dans ce texte ?
b. En quoi s'oppose-t-elle à l'image du vaillant chevalier des premiers extraits ?

8 À quelle suite pouvez-vous vous attendre ? Émettez plusieurs hypothèses.

Écrire

9 Imaginez la scène de la guérison d'Yvain, en soulignant toutes les oppositions entre l'homme des bois qu'il était et le chevalier qu'il va redevenir.

Extrait 7

Le lion

« Il décide d'aider le lion... »

Monseigneur Yvain cheminait, pensif, à travers une épaisse forêt. Soudain, au milieu des fourrés, il entendit un cri perçant et douloureux. Il se dirigea vers ce cri et, quand il parvint sur les lieux, il aperçut un lion dans un essart[1]. Un serpent lui mordait la queue et lui brûlait la croupe en lui jetant des flammes. Monseigneur Yvain ne contempla pas longtemps ce prodige. Il se demanda en lui-même à qui il porterait secours. Il décida d'aider le lion car une créature venimeuse et félonne[2] ne mérite que d'être maltraitée ; or, le serpent est venimeux ; le feu lui sort de la bouche tellement il regorge de félonie. C'est pourquoi monseigneur Yvain pensa d'abord le tuer. Il dégaina son épée, s'avança en protégeant son visage avec son écu pour éviter les flammes qui sortaient de la gueule plus large qu'une marmite. Si le lion l'attaquait par la suite, la bataille se poursuivrait de plus belle mais, quoi qu'il advînt, il voulut aider le lion car Pitié l'implore de porter secours et assistance à l'animal noble par excellence. Avec son épée bien affûtée, il attaqua le serpent. Il coupa en deux la bête à terre et tronçonna encore les deux moitiés. Il frappa et frappa encore, donna tellement de coups qu'il découpa le serpent en petits morceaux et le dépeça intégralement. Il devait encore trancher un morceau de la queue du lion où restait attachée la tête du serpent félon. Il en trancha autant qu'il fallut, mais le moins possible. Après avoir délivré le lion, Yvain pensait qu'il lui faudrait aussi le combattre et que la bête l'attaquerait. Mais jamais une telle idée n'effleura l'animal. Écoutez plutôt ce que

1. Voir p. 9, note 3.
2. Traîtresse.

fit le lion, écoutez comme il se comporta avec noblesse et générosité ! Il manifesta sa soumission en étendant vers Yvain ses deux pattes jointes, puis, inclinant la tête au sol, il se dressa sur ses pattes de derrière et s'agenouilla ; toute sa face était mouillée de larmes d'humilité[3]. Monseigneur Yvain devina véritablement que le lion le remerciait et qu'il se prosternait devant lui pour l'avoir délivré de l'étreinte mortelle du serpent. Cette aventure lui plut beaucoup. Yvain essuya son épée salie par le venin et l'ordure du serpent, puis il la glissa dans son fourreau. Il se remit en route et le lion l'accompagna. Désormais, il ne le quittera plus jamais et restera toujours à ses côtés, désireux de le servir et de le protéger.

Manuscrit français 1433, BNF, Paris.

3. Soumission.

Repérer et analyser

La situation d'énonciation

1 Relevez une intervention du narrateur. Quel effet cherche-t-il à produire chez les auditeurs ?

L'enchaînement des actions

2 **a.** Relevez la phrase qui présente la situation initiale puis la phrase qui marque le début de l'action. Justifiez votre réponse.
b. À quel spectacle Yvain assiste-t-il ?

3 **a.** Remettez les actions d'Yvain dans l'ordre chronologique : il essuya ; il découpa ; il attaqua ; il dégaina ; il tronçonna ; il glissa dans son fourreau ; il dépeça ; il frappa ; il trancha ; il coupa en deux.
b. À quel champ lexical ces verbes appartiennent-ils ?
c. Quel est l'effet produit par une telle accumulation ?

4 Quelle est l'issue du combat pour les deux animaux ?

5 Quel autre danger Yvain pense-t-il devoir affronter ? La suite du texte justifie-t-elle ses craintes ? Pourquoi ?

Le merveilleux

6 Qu'est-ce qui fait du serpent un animal monstrueux ?

7 En quoi le lion a-t-il un comportement humain ? Citez le texte.

Le personnage d'Yvain

8 Pour quelles raisons Yvain a-t-il choisi de venir en aide au lion ? Pour répondre, appuyez-vous sur les connecteurs logiques qui précisent le raisonnement du chevalier (l. 7 à 17) et sur une allégorie que vous relèverez (voir la leçon, p. 29).

9 En quoi cet épisode marque-t-il pour le héros une étape très importante ?

Enquêter

10 Recherchez d'autres récits où un héros se bat contre un serpent monstrueux ou un dragon.

Extraits 8 et 9

Les exploits du Chevalier au lion

« Le géant arrive bientôt… »

Le hasard ramène Yvain et son nouveau compagnon près de la fontaine de Barenton. Il découvre alors Lunette enfermée dans une chapelle voisine. Des barons jaloux ont convaincu la dame de Landuc que Lunette était responsable de la trahison d'Yvain. La jeune fille doit être jugée et mise à mort le lendemain. Le chevalier promet de revenir la sauver. Cependant, Yvain et son lion sont hébergés dans un château du voisinage. Les châtelains sont dans l'affliction, car un terrible géant, Harpin de la Montagne, a enlevé leurs quatre fils. Yvain décide de les aider lorsque le ravisseur viendra poser ses conditions…

Le géant arrive bientôt, amenant avec lui les chevaliers prisonniers. Autour de son cou est suspendu un énorme pieu carré, au bout pointu, avec lequel il frappe les chevaliers. Ceux-ci portent des vêtements qui ne valent pas un clou, des chemises sales et souillées. Pieds et poings liés, ils montent quatre canassons boiteux, chétifs[1], faibles et ensellés[2]. Ils chevauchent le long du bois. Un nain traître[3] comme un crapaud bouffi avait noué les chevaux queue à queue et suivait de près les quatre jeunes gens. Il ne cessait de les flageller avec un fouet à six nœuds et croyait se comporter noblement ; il les battait jusqu'au sang. Voilà comment les captifs étaient conduits et avilis entre le géant et le nain. Le géant s'arrêta devant la porte,

1. Malingre, faible.
2. Au dos exagérément creusé (défaut d'un cheval).
3. Dans les romans courtois, le nain est un personnage maléfique.

au milieu d'un terre-plein, et lança son défi au châtelain. Il menaçait de massacrer ses fils s'il ne lui remettait pas sa fille : il voulait la livrer à sa valetaille[4] pour la prostituer car il ne l'aimait vraiment pas assez pour daigner s'avilir avec elle. Elle aura un millier de valets pour lui tenir une intime compagnie, des valets pouilleux, nus comme des ribauds[5] et des torche-pots qui lui paieront tous leur écot[6]. Le seigneur devient presque fou de rage en entendant celui qui veut prostituer sa fille ou qui, sans cela, massacrera devant lui ses quatre fils. Sa détresse sans pareille lui fait alors préférer la mort à la vie. Il se traite à plusieurs reprises de pauvre malheureux ; il pleure beaucoup et soupire. Monseigneur Yvain lui dit alors avec toute la générosité et la douceur qu'on lui connaît : « Seigneur, ce géant qui fanfaronne là dehors est un monstre de cruauté et de traîtrise. Que Dieu ne lui accorde jamais d'avoir votre fille à sa merci ! Il n'a que mépris et dédain pour elle. Ce serait un grand malheur qu'une si belle créature, une jeune fille de si haute naissance, fût abandonnée à des valets.

« Vite ! Mes armes et mon cheval ! Faites baisser le pont-levis et laissez-moi sortir. » On baisse le pont ; Yvain part mais, pour rien au monde, le lion n'aurait renoncé à le suivre. Animé d'une cruelle audace, le géant s'approche d'Yvain et le menace en ces termes : « Par mes yeux, celui qui t'a envoyé ici ne te voulait pas beaucoup de bien ! Vraiment, il ne pouvait pas inventer de meilleur moyen pour se débarrasser de toi ! Il a trouvé la vengeance idéale pour tout le mal que tu lui as causé !

– Tu parles pour ne rien dire, fait Yvain, nullement impressionné. Que le meilleur gagne ! Tes propos stupides me fatiguent ! » Monseigneur Yvain, à qui il tardait de s'en aller, fonce sur le géant. Il le frappe en pleine poitrine sur la peau d'ours

4. Ensemble des valets (mot péjoratif).
5. Débauchés.
6. Part d'un convive pour le paiement d'un repas.

qui lui sert d'armure et le géant, de son côté, se rue sur lui avec son pieu. Monseigneur Yvain le frappe si violemment qu'il lui transperce sa peau d'ours. Il trempe ensuite le fer de sa lance dans le sang du géant comme dans de la sauce mais le géant le frappe si fort avec son pieu qu'il le fait ployer. Monseigneur Yvain dégaine son épée avec laquelle il sait donner de grands coups. Il trouve le géant à découvert, car celui-ci se fiait tellement à sa force qu'il ne portait jamais d'armure. Donnant la charge avec son épée, Yvain le frappe du tranchant et non du plat de son arme. Il lui taille alors un morceau de la joue aussi grand qu'une pièce de viande à griller et l'autre riposte par un coup qui fait ployer Yvain sur le col du destrier[7].

À ce coup, le lion dresse la tête et se prépare à porter secours à son maître. Il bondit furieusement et s'agrippe énergiquement au géant ; il lui déchire sa pelisse comme il fendrait une écorce et lui arrache un bon morceau de la hanche. Il lui tranche les nerfs et les muscles.

Le géant parvient à se dégager mais crie et hurle comme un taureau, car le lion l'a grièvement blessé. Il lève son pieu à deux mains et croit frapper l'animal mais il rate son coup, parce que le lion a sauté de côté. C'est un coup pour rien qui s'abat près de monseigneur Yvain mais qui ne l'atteint pas plus que le lion. Monseigneur Yvain ajuste ses coups et par deux fois atteint le géant dans sa chair. Avant même que le géant ait pu se voir, il lui détache l'épaule du buste avec le tranchant de l'épée. La deuxième fois, il lui plonge la lame de son épée sous le sein et lui transperce le foie. Le géant tombe ; la mort le presse. Le fracas qu'il fait en tombant surpasse celui d'un chêne qu'on abat.

7. Cheval de bataille (voir « Se documenter », p. 42).

Repérer et analyser

Les personnages

La caractérisation des personnages

1 **a.** Relisez les lignes 1 à 30. Quels nouveaux personnages Yvain rencontre-t-il dans cet épisode ?
b. Pour chacun, relevez un ou deux groupes nominaux le désignant.
c. Lesquels sont pour Yvain des adjuvants ? Lesquels sont des opposants (voir la leçon, p. 24) ?

2 En vous aidant des notes et d'un dictionnaire, relevez les noms ou groupes nominaux qui désignent les valets du géant. S'agit-il d'une caractérisation péjorative ou méliorative ? Quel est l'effet produit ?

Les relations entre les personnages

3 **a.** Quelles tortures et quelles humiliations les chevaliers subissent-ils ? Par qui leur sont-elles infligées ?
b. Précisez le sens de l'adjectif « avilis » (l. 12) et justifiez son emploi.

4 Quel marché le géant propose-t-il au châtelain ? Relevez deux phrases qui le présentent. Est-il acceptable ? Pourquoi ?

5 Quels sont les sentiments du châtelain en entendant les propositions du géant ?

6 En quoi le comportement d'Yvain s'oppose-t-il à celui du géant et à celui du châtelain ? Relevez deux noms qui précisent ses qualités.

Un thème : la prouesse

Dans les romans de chevalerie, les chevaliers accomplissent des prouesses, c'est-à-dire des actes de courage et d'héroïsme.

7 **a.** Qui sont les deux adversaires ? Qui prend l'initiative du duel ?
b. Repérez les paroles rapportées qui précèdent le duel. Quelle est selon vous leur fonction ?

8 Quelles sont les armes des deux adversaires ? Quels sont les atouts et les points faibles de chacun d'eux ? Qui paraît le plus démuni ?

9 Relevez et analysez les procédés qui traduisent la violence de la bataille (verbes de mouvement, d'action ; mots appartenant au champ lexical du corps ; comparaisons).

10 Quel est le rôle du lion dans ce combat ?

11 Relevez les phrases qui précisent le dénouement de la rencontre.

Étudier la langue

On appelle doublet deux mots issus d'un même mot latin.

12 En vous aidant d'un dictionnaire, dites quelle est l'origine commune des adjectifs « chétifs » (l. 6) et « captifs » (l. 11).

Se documenter

Les noms des chevaux

Unique moyen de transport ou presque, le cheval reçoit au Moyen Âge des noms différents selon ses caractéristiques physiques et ses fonctions : ainsi, le destrier (de « dextra », la main droite, avec laquelle il convient de le maîtriser) est une monture rapide et résistante qu'on utilise dans les combats et les tournois ; le palefroi est destiné à la parade ou à la marche. Ces chevaux sont des montures nobles, contrairement au roncin qui est un cheval de somme, monture des valets et d'écuyers. Les dames utilisent plutôt la mule ou, à partir du XIVe siècle, la haquenée, une jument douce, dressée pour aller l'amble.

Manuscrit français 12577, BNF, Paris.

« Mais personne n'avait reconnu Yvain… »

Après sa victoire, Yvain vole au secours de Lunette. Il défie et attaque les trois accusateurs, mais le lion finit par intervenir dans ce combat inégal…

Le lion attaque alors les deux autres combattants. Monseigneur Yvain ne parvient pas à l'écarter par les coups ou les menaces. Il se donne pourtant beaucoup de mal pour cela, mais le lion devine sans doute que son maître ne dédaigne pas son aide et que, bien au contraire, il l'aime davantage pour cela. Le lion se rue férocement sur les deux hommes qui se plaignent de ses coups, tout en le blessant et en le malmenant.

Quand monseigneur Yvain voit son lion blessé, il est tout bouleversé, et on le comprend. Il s'efforce de le venger. À son tour, il se rue si farouchement sur eux et les malmène si sauvagement qu'ils ne cherchent même plus à se défendre et qu'ils demandent grâce. L'aide apportée par le lion fut décisive mais la bête gémissait de douleur. Elle devait être dans une grande détresse car elle portait deux plaies. Monseigneur Yvain n'était pas indemne non plus ; il avait de nombreuses blessures sur tout le corps. Pourtant, il était moins tourmenté par son propre état que par la souffrance de son lion. Yvain avait, comme il le souhaitait, délivré sa demoiselle. La dame pardonna à cette dernière en oubliant généreusement sa rancœur. On brûla ensuite les faux témoins sur le bûcher allumé pour Lunette. Il est juste en effet que celui qui condamne autrui à tort subisse la mort qu'il réservait à sa victime. Lunette est heureuse et ravie d'être réconciliée avec sa dame. Jamais on ne connut une telle joie. Chacun voulut offrir ses services au champion, selon l'usage, mais personne n'avait reconnu Yvain, pas même la dame qui possédait son cœur sans le savoir. Elle le pria de lui faire le plaisir de séjourner chez elle jusqu'à sa guérison et celle de son lion : « Dame, répondit-il, je ne peux pas rester ici aujourd'hui, tant que ma dame n'aura pas oublié sa rancune et sa colère envers moi. Alors seulement cesseront toutes mes épreuves. – J'en suis vraiment désolée, fait-elle. Je ne trouve guère courtoise la dame qui vous en veut. Jamais elle n'aurait dû fermer sa porte à un chevalier de votre mérite. Mais, votre nom, s'il vous plaît, beau seigneur, dites-le-nous et vous partirez quitte ! – Quitte, ma dame ? Oh, non ! Je dois plus que je ne saurais rendre. Toutefois, je ne vais pas vous cacher comment je me fais appeler. Si vous entendez parler du Chevalier au Lion, sachez que c'est moi ! C'est le nom que j'ai choisi !

– Eh bien, adieu donc, cher seigneur ! Que Dieu transforme votre peine et votre chagrin en joie, si telle est sa volonté ! – Dame, puisse-t-il vous entendre ! » Il ajouta à voix basse : « Ma dame, vous emportez la clé de la serrure et l'écrin où ma joie est enclose, et vous n'en savez rien ! »

Il s'en va très abattu. Personne ne l'a reconnu, sauf Lunette qui l'a accompagné un certain temps. Lunette est seule à le suivre. Il la prie en chemin de ne jamais révéler le nom du champion qui l'a défendue. « Seigneur, fait-elle, comptez sur moi ! » Il lui fait ensuite cette autre prière : qu'elle garde le souvenir et plaide la cause de son champion auprès de sa dame si l'occasion s'en présente. Elle lui demande de ne pas en dire plus : elle ne l'oubliera jamais ; elle n'est ni lâche, ni indolente. Yvain la remercie cent fois. Puis il s'éloigne, accablé de pensées et inquiet pour son lion qu'il doit porter car l'animal ne peut plus marcher. Il lui confectionne une litière avec son écu, de la mousse et de la fougère. Dès que la couche est prête, il y étend son lion avec une infinie douceur et le porte ainsi tout étendu dans son écu retourné.

Guéris de leurs blessures, Yvain et son lion poursuivent leurs exploits. Laudine demande alors au mystérieux chevalier son appui pour défendre la fontaine : elle découvre enfin son identité et lui pardonne. Désormais Yvain et Laudine vivront heureux pour toujours.

Repérer et analyser

La progression du récit

1 **a.** Quelles sont les différentes étapes du dénouement (l. 72 à 95) ?

b. Est-ce une fin heureuse ? Citez des termes précis.

2 **a.** Que propose la dame au chevalier en récompense de sa victoire ? Yvain accepte-t-il ? Pourquoi ?

b. En quel personnage place-t-il son espoir ? Que lui demande-t-il ?

Les personnages

Yvain

3 Dans quel état intérieur Yvain se trouve-t-il à la fin de l'extrait ? Relevez trois adjectifs à l'appui de votre réponse.

4 Combien de fois le mot « champion » apparaît-il dans le texte ? Quel est le sens de ce mot au Moyen Âge ?

5 **a.** Comment pouvez-vous expliquer que les spectateurs n'ont pas reconnu Yvain ?

b. Sous quel pseudonyme se présente-t-il ? Qui connaît son identité ?

6 En quoi le comportement d'Yvain a-t-il changé depuis sa maladie ? De quelles nouvelles qualités fait-il preuve dans les extraits 8 et 9 ?

Laudine

7 **a.** Montrez en citant le texte que la dame valorise Yvain. Sait-elle qu'elle s'adresse à lui ?

b. À qui ses reproches vont-ils ? En quoi est-ce amusant ?

c. « tant que ma dame n'aura pas oublié sa rancune » (l. 100) : a-t-elle compris de qui parle Yvain ? Comment appelle-t-on ce malentendu ?

8 Quelle phrase pourrait révéler la vérité à Laudine ? Pourquoi n'est-ce pas le cas ? Analysez la métaphore contenue dans cette phrase.

Le lion

9 De quelles qualités physiques et morales l'animal fait-il preuve ?

10 Montrez les similitudes entre le comportement du lion et celui de son maître en vous appuyant sur des expressions précises.

11 **a.** Par quelles phrases le narrateur montre-t-il l'affection d'Yvain pour l'animal (l. 72 à 88) ?
b. En quoi l'attitude d'Yvain à la fin témoigne-t-elle de ses sentiments ?
12 En quoi la place de l'animal dans les dernières lignes suggère-t-elle un emblème héraldique (voir « Se documenter » ci-dessous) ?

Écrire

13 Imaginez un récit dans lequel un personnage se comportera à notre époque de façon chevaleresque.

Se documenter

L'héraldique

L'héraldique est la science du blason (on dit aussi des armoiries). Le blason apparaît au XIIe siècle : il doit permettre, à l'origine, de distinguer les combattants dont le visage est dissimulé par le casque. Ainsi sont peints sur les armes du chevalier les signes qui le représentent. Le blason traduit en images le nom ou la devise d'une famille. Il utilise des couleurs dont chacune a une signification précise ; il fait appel à des figures d'animaux : ours, lions, léopards, aigles qui incarnent aussi différentes vertus ; ainsi, le lion représente la noblesse, le courage et la force.

Deuxième partie

Le Roman de Renart

Tenture de la dame à la Licorne, XVe siècle.

Introduction

Le Roman de Renart

Un roman ou des romans ?

Le Roman de Renart présente les caractéristiques des premiers romans médiévaux (voir p. 6). Écrit en ancien français, il réunit de nombreux contes en vers composés par une vingtaine d'auteurs différents, de 1171 à 1250 : l'assemblage de ces textes constitue une œuvre gigantesque de cent mille octosyllabes ! Si la plupart de ces poèmes sont restés anonymes, on sait qu'ils sont l'ouvrage de clercs dont certains, comme Pierre de Saint-Cloud ou Richard de Lison, ont signé leurs récits. Ils se sont inspirés des fables antiques du grec Ésope et de textes du Moyen Âge en latin, comme l'*Ysengrimus* (1149), qui mettent en scène des animaux.

Un conte animalier

Malgré leurs différences, tous ces contes, appelés « branches », ont un tronc commun : ils ont pour héros Renart, un goupil (nom par lequel on désigne le renard au XIIe siècle) ; ils racontent ses démêlés avec les autres animaux de la forêt, en particulier le loup Ysengrin, son principal ennemi ; ils rapportent presque toujours un bon tour ou une méchante farce de Renart : c'est en effet par la ruse que celui-ci arrive à survivre dans un environnement difficile ou vient à bout de la supériorité physique de ses adversaires.
Renart et ses compagnons appartiennent à la fois au monde des hommes et à celui des bêtes. Ce sont des animaux personnifiés : ils parlent comme dans les fables, et possèdent des caractérisations humaines en même temps qu'ils gardent leur comportement animal.

Fantaisie et satire

Les attitudes contradictoires de ces nobles seigneurs à quatre pattes donnent lieu à des situations comiques. En montrant des animaux qui copient le comportement des chevaliers sans respecter les valeurs de la chevalerie, *Le Roman de Renart* se présente comme une parodie, c'est-à-dire une imitation moqueuse, des romans courtois qui donnent une vision idéalisée de la réalité.

Mais le texte fait aussi la satire (c'est-à-dire la critique par le rire) de la société. À travers les sottises et les violences des animaux, ce sont la stupidité et la cruauté des hommes qui sont dénoncées : la loi impitoyable de la nature, « mange ou sois mangé », reflète les codes d'une société dans laquelle les faibles sont les victimes des puissants et où on ne peut se fier qu'à sa propre habileté.

Cependant, contrairement aux fables, *Le Roman de Renart* ne propose pas de morale : les mauvaises actions de son héros ne sont pas punies ; les facéties de Renart, le fait que ses victimes s'en tirent toujours, nous montrent bien que la visée de toutes ces histoires est avant tout de faire rire.

Un personnage toujours vivant

Le Roman de Renart connut un immense succès au point que le nom propre du héros au poil roux finit par remplacer le nom commun utilisé jusque-là pour désigner les animaux de cette espèce : depuis lors et jusqu'à nos jours, les goupils de nos campagnes sont devenus des renards… aussi vifs et aussi futés, à n'en pas douter, que leur glorieux ancêtre…

Manuscrit français 1581, BNF, Paris.

Extrait 1

Renart et les poissons

Seigneurs, on vous a déjà souvent raconté de nombreuses histoires : le rapt d'Hélène par Pâris[1] et tous les malheurs et les déboires qu'il lui en coûta ; vous connaissez aussi la légende de Tristan[2] dans le beau récit de La Chèvre, et des fabliaux et des chansons de geste. Et nombreux sont ceux qui vont disant les aventures et les exploits de Renart. Mais on ne vous a jamais parlé de la terrible guerre qui l'opposa à Ysengrin ; et pourtant, elle fut aussi longue qu'acharnée. La vérité, c'est que ces deux seigneurs ne se sont jamais portés dans leur cœur et ont passé leur temps à se battre et à s'affronter. Voici donc leur histoire, et d'abord le début de leur querelle, les raisons de leur mésentente et de leur hostilité. […]

Seigneurs, c'était le temps où la douce saison d'été s'achève et où l'hiver revient. Renart était chez lui mais il avait épuisé ses réserves : il y va de sa vie. Il n'a plus rien à se mettre sous la dent, ni rien non plus pour acheter à manger. La nécessité le met en route. Il progresse avec précaution, pour ne pas être repéré, à la lisière du bois, à travers les joncs du bord de l'eau, et finit par atteindre un chemin empierré où il se tapit, tournant la tête en tous sens sans savoir dans quelle direction se mettre en quête de nourriture. La faim lui mène une guerre sans merci et il se demande avec inquiétude ce qu'il va bien pouvoir faire.

Il se couche alors au pied d'une haie, attendant les événements. Or, voici qu'approchent à vive allure des marchands qui convoyaient un chargement de poissons de mer. Ils avaient des harengs frais en quantité (le vent du nord avait soufflé toute

1. L'enlèvement d'Hélène par le Troyen Pâris, cause de la guerre de Troie.

2. Les amours du chevalier Tristan et de la reine Iseut étaient célèbres.

la semaine passée), et aussi plein leurs paniers d'autres bons poissons, gros et petits. Leur charrette était en particulier chargée de lamproies[3] et d'anguilles qu'ils avaient achetées en route dans les villages. Renart, qui n'a pas son pareil pour tromper les gens, était à une portée d'arc au moins. À la vue de la charrette pleine d'anguilles et de lamproies, il se dépêche de se rapprocher, se cachant pour ne pas être vu, afin d'être mieux en mesure de tromper les marchands. Il se couche au milieu du chemin et voici comment il s'y prend pour les attraper : allongé de tout son long sur une touffe d'herbe, il fait le mort. Lui qui s'y entend à tromper son monde, est là, les yeux fermés, babines retroussées et retenant sa respiration. Vit-on jamais pareille fourberie ? Il reste donc gisant à terre tandis qu'arrivent les marchands, sans méfiance. Le premier à l'apercevoir l'examine avant de s'écrier à l'adresse de son compagnon : « Regarde, c'est un goupil ou un chien. » Et l'autre, qui l'a vu à son tour de répondre : « C'est un goupil, va le prendre, allez ! Mais fais attention, maudit gars, qu'il ne t'échappe pas ! Il sera bien malin, ce Renart, s'il arrive à sauver sa peau. »

Suivi de son compagnon, le marchand s'avance rapidement jusqu'à Renart ; ils le trouvent toujours ventre à l'air et le retournent de tous côtés, sans crainte, persuadés qu'ils ne courent aucun risque d'être mordus. Ils évaluent la peau de son dos puis de sa gorge : selon l'un, elle vaut trois sous, mais l'autre renchérit : « Dieu garde ! À quatre sous, elle serait bon marché. Nous ne sommes pas trop chargés, mettons-le sur notre charrette. Regarde donc comme sa gorge est blanche et sans taches. »

À ces mots, ils se décident et le jettent sur leur chargement, puis ils reprennent leur chemin sans cacher leur commune satisfaction. « Tenons-nous-en là maintenant », disent-ils, « mais ce soir, chez nous, nous lui retournerons sa veste. »

3. Animal d'eau douce, semblable à l'anguille.

La plaisanterie leur paraît bonne, mais Renart ne s'en soucie guère car il y a loin entre dire et faire. Couché à plat ventre sur les paniers, il en ouvre un avec les dents et en retire, croyez-moi si vous voulez, plus de trente harengs. Après cela, le panier était quasiment vide, et Renart s'était joyeusement rempli l'estomac sans réclamer sel ni sauge[4]. Mais avant de s'en aller, il va de nouveau lancer sa ligne, je vous le garantis. Il s'attaque en effet à un autre panier, et, y plongeant le museau, en extrait trois chapelets d'anguilles. Et comme il avait plus d'un tour dans son sac, il passe la tête et le cou au travers puis les arrange de manière à les rejeter sur son dos ; voilà qui lui permet d'arrêter les frais. Mais il lui faut trouver un moyen de descendre à terre sans marchepied. Il s'agenouille pour pouvoir examiner comment calculer au mieux son saut. Puis il s'avance un peu et, prenant appui sur ses pattes de devant, il s'élance du haut de la charrette jusqu'au chemin, emportant son butin[5] autour du cou. Une fois à terre, il crie aux marchands : « Dieu vous garde ! Me voilà bien servi en anguilles, vous pouvez garder le reste. » À l'entendre, ils n'en croient pas leurs oreilles. « Le goupil ! » s'écrient-ils. Puis ils sautent sur la charrette, pensant y prendre Renart qui n'avait guère songé à les attendre. [...]

Les marchands se précipitent derrière lui, mais ce n'est pas aujourd'hui qu'ils l'attraperont car son cheval est trop rapide. Il file au travers d'un vallon et ne s'arrête qu'une fois arrivé à un enclos. Quant aux marchands, tout penauds, ils abandonnent la poursuite, s'avouant vaincus, et reviennent sur leurs pas.

Pendant ce temps, Renart qui s'était déjà tiré de situations plus difficiles, se dépêche de regagner son château où les siens l'attendent en triste état. Il franchit la barrière ; son épouse, la jeune Hermeline, si courtoise et noble, se précipite à sa

4. Plante aromatique.
5. Objets pris dans une guerre ou lors d'un vol.

rencontre, ainsi que Percehaie et Malebranche, les deux frères, qui se jettent au cou de leur père. Celui-ci arrive à petits sauts, le ventre gonflé et rassasié, rayonnant de joie, avec les anguilles autour du cou. Mais, et qui songerait à s'en étonner ? Il commence par fermer la porte derrière lui à cause du butin qu'il apporte.

Voilà donc Renart de retour dans son château. Ses fils lui font bel accueil et lui nettoient les jambes ; puis ils écorchent les anguilles, les coupent en tranches et font des brochettes avec des baguettes de coudrier[6] sur lesquelles ils les enfilent. Le feu est vite allumé car ils ont une bonne réserve de bûches ; ils l'activent en soufflant dessus de tous les côtés ; et une fois les tisons transformés en braise, ils y mettent les anguilles.

Pendant qu'ils s'occupaient de faire griller les anguilles, se présente Monseigneur Ysengrin qui avait erré un peu partout, depuis le matin, sans rien pouvoir attraper nulle part. Depuis combien de temps n'avait-il rien eu à se mettre sous la dent ! Il finit par traverser un terrain qui venait d'être défriché, tout droit en direction du château de Renart. C'est alors qu'il voit une fumée sortir de la cuisine où était allumé le feu sur lequel les fils de Renart tournaient les brochettes pour les faire cuire. Le loup, sentant cette odeur inhabituelle, se met à renifler et à se pourlécher. Il serait volontiers allé les aider si on avait voulu lui ouvrir la porte. Il s'approche d'une fenêtre pour voir ce qui se passe à l'intérieur, se demandant s'il pourra y entrer à force de supplications ou en faisant appel à l'amitié. Mais il n'aurait guère de chance d'y réussir car Renart n'est pas du genre à accéder à une prière. Aussi s'assied-il sur une souche, les mâchoires douloureuses à force de bâiller de faim. Puis il court de côté et d'autre, regarde à droite, à gauche, sans trouver moyen de se faire ouvrir, lui qui n'a rien à donner, rien à

6. Autre nom du noisetier.

promettre. Il se décide finalement à prier son compère de bien vouloir lui donner, au nom de Dieu, un peu, ou beaucoup, de ce qu'il est en train de manger. Il l'interpelle donc par une ouverture :

– « Seigneur, mon compagnon, ouvrez-moi la porte, je vous apporte de bonnes nouvelles ; vous verrez, vous aurez sujet de vous en réjouir. »

Renart le reconnaît à sa voix, mais il fait la sourde oreille.

Au lieu de donner à manger à Ysengrin, Renart lui jette de l'eau bouillante sur la tête. C'est le début d'une longue inimitié...

Illustration de Romain Simon, éd. Hachette, 1954.

Questions

Repérer et analyser

Le narrateur

Le statut du narrateur

Le narrateur est celui qui raconte l'histoire. Identifier le statut du narrateur, c'est dire s'il est ou non un personnage de l'histoire.
Le narrateur peut intervenir pour faire un commentaire ; il peut utiliser dans ce cas le pronom personnel de la première personne.

1 **a.** Relevez dans les lignes 1 à 14 les mots par lesquels le narrateur désigne les destinataires.
b. Quels verbes peuvent faire penser qu'il s'agit d'un conteur oral (l. 1 à 7) ?

2 **a.** Relevez deux autres interventions du narrateur dans le sixième paragraphe. Quel est leur rôle ?
b. Quel pronom personnel désigne le narrateur ?

L'annonce de l'histoire

3 **a.** Qui sont, dans le premier paragraphe, les principaux personnages de l'histoire annoncée par le narrateur ? Quel en est le sujet ?
b. Quels sentiments animent les deux personnages ? Appuyez-vous sur le champ lexical dominant.
c. Comprend-on à ce moment-là s'il s'agit d'hommes ou d'animaux ? Justifiez votre réponse.

4 Qu'est-ce qu'un fabliau ? Qu'est-ce qu'une chanson de geste (l. 4-5) ?

5 Quelle est l'intention du narrateur dans ce premier paragraphe ?

La progression du récit

La situation initiale (l. 13 à 26)

6 **a.** À quel moment et où l'action se déroule-t-elle ? Citez le texte.
b. Relevez les indications qui montrent que les événements ont lieu à la campagne.

7 Relevez les expressions qui soulignent la faim de Renart. Pourquoi est-il inquiet (l. 22) ?

8 Quel événement va lui rendre espoir ? Par quel mot est introduite cette nouvelle donnée du récit ?

L'enchaînement des actions

9 **a.** Quelle ruse Renart imagine-t-il, contre qui et dans quel but ?
b. Relevez les expressions qui décrivent son apparence (l. 35 à 50).

10 **a.** Le goupil parvient-il à tromper ses victimes ? Justifiez votre réponse en citant le texte (l. 40 à 60).
b. Quel est le projet des deux hommes concernant le goupil ?

11 En vous appuyant sur les connecteurs, résumez en quatre phrases courtes les actions de Renart dans le sixième paragraphe.

12 Qui a finalement le dessus ?

13 Où se rend ensuite le goupil ? Nommez les membres de la famille de Renart. Comment l'accueillent-ils ? Citez le texte.

14 **a.** Quel nouveau personnage arrive à la fin de l'extrait ?
b. Dans quel état se trouve-t-il et que recherche-t-il ? Citez le texte.
c. Lorsqu'il s'adresse à Renart, à quel sentiment fait-il appel ? Appuyez-vous sur le lexique (l. 113 à 128). A-t-il des chances d'obtenir satisfaction ? Justifiez votre réponse.

Un personnage : Renart

15 **a.** Relevez les mots et les expressions qui font du goupil un être particulièrement rusé (l. 31 à 40).
b. De quelles autres qualités fait-il preuve dans sa quête de nourriture (l. 17 à 21, 47 à 60, 70 à 79) ?

La personnification des animaux

La personnification consiste à prêter des caractères humains à un animal ou à une chose (voir l'introduction, p. 48).

16 Distinguez au fil du texte les indications qui présentent les héros du livre comme des humains et celles qui rappellent qu'ils sont des animaux : classez-les dans un tableau.

La parodie du roman courtois

(voir l'introduction, p. 48-49)

17 Relevez tous les termes qui appartiennent à l'univers du roman courtois. À qui ou à quoi se réfèrent-ils ? Quel est l'effet produit ?

18 Renart se comporte-t-il conformément aux règles de la courtoisie à la fin de l'extrait ? Justifiez votre réponse.

Écrire

Changer le point de vue

19 De retour chez lui, l'un des marchands raconte sa mésaventure à sa femme. Donnez-lui la parole, en veillant bien à rapporter les faits selon son point de vue.

Rédiger un récit

20 Imaginez une aventure dans laquelle un personnage verra un rêve qu'il pensait réalisé échouer finalement. Votre récit commencera ou se terminera par la phrase : « Il ne faut pas vendre la peau de l'ours avant de l'avoir tué ».

Étudier la langue

21 Recherchez les expressions imagées construites autour du mot « loup » qui puissent illustrer un épisode du texte :
- Renart s'approche des marchands sans faire de bruit : il avance…
- Ysengrin est affamé : il a…
- Ysengrin arrive chez Renart au crépuscule : il arrive…

Comparer

22 Comparez les héros du *Roman de Renart* dans les différents extraits (p. 50 à 80) avec le personnage du renard dans les fables de La Fontaine : que constatez-vous ?

Extrait 2

Renart et Ysengrin dans le puits

Un jour, affamé, Renart pénètre dans la grange d'une abbaye et y dévore deux poules…

Je vais vous raconter sans plus tarder un des tours – un seul ! – d'un maître ès ruses[1] ; il s'agit de Renart, ce n'est pas moi qui vais vous l'apprendre. Personne n'est capable de le faire marcher alors que, lui, il envoie paître tout le monde ; depuis son enfance, il suit le mauvais chemin. On a beau le connaître, on n'arrive jamais à échapper à ses pièges. Il est prudent, astucieux ; il agit en catimini. Mais, en ce monde, le sage lui-même n'est pas à l'abri de la folie.

Voici donc la mésaventure qui lui est arrivée. […]

Au moment de passer la porte, notre maître ès ruses, poussé par la soif et voyant le puits au milieu de la cour, s'y précipite pour y boire tout son saoul, mais il va en être empêché : en effet, arrivé au puits, il constate qu'il est large et profond. Et voici où l'histoire se corse : il y avait deux seaux dont l'un montait lorsque l'autre descendait. Renart le malfaiteur s'appuie sur la margelle, mécontent, irrité autant qu'embarrassé de ce contretemps. Regardant à l'intérieur, il voit son reflet dans l'eau et croit qu'il y a là au fond sa femme Hermeline qu'il aime tendrement. Aussi, rempli d'une douloureuse surprise à cette vue, il lui demande d'une voix forte : « Que fais-tu là-dedans, dis-moi ? » Sa voix résonne comme si elle sortait du puits. En l'entendant, il redresse la tête et appelle de nouveau. Le même phénomène se répète à son grand éton-

1. En ce qui concerne les ruses, dans le domaine de la ruse.

nement. Il saute alors dans le seau sans comprendre ce qui lui arrive quand il se met à descendre. Le malheureux ! Ce n'est qu'une fois tombé à l'eau qu'il se rend compte de sa méprise[2].

Le voilà aux cent coups de sa vie ! Il a fallu que le diable s'en mêle pour qu'il en arrive là ! Il se tient agrippé à une pierre, mais il préférerait être mort et enterré ! Le pauvre ! Il est à rude épreuve : trempé jusqu'aux os, il est certes bien placé pour aller à la pêche, mais il n'a pas la tête à rire et se demande comment il a pu commettre une pareille bêtise.

Or, cette nuit-là, juste au bon moment, Ysengrin, poussé par la faim, sortait d'un champ pour chercher à manger. Sur son chemin, se trouve le puits au fond duquel Renart le rouquin se débat. Ysengrin, partagé entre le souci et l'irritation, va s'accouder à la margelle. Et là, en se penchant et en regardant avec attention exactement comme avait fait Renart, il aperçoit son propre reflet. Il croit que c'est dame Hersent[3] qui est installée là au fond, avec Renart, ce qui, vous pouvez m'en croire, n'améliore pas son humeur : « Me voilà donc bafoué[4], déshonoré comme un moins que rien par ma femme que ce rouquin a enlevée pour l'emmener là avec lui. » Devant les lamentations d'Ysengrin, Renart ne bronche pas ; il lui laisse au contraire tout le temps de crier avant de l'interpeller :

– « Qui est-ce, mon Dieu, qui m'appelle ? C'est ici désormais que je tiens mon école.

– Mais qui es-tu ?

– C'est moi, votre bon voisin ; autrefois, nous étions compères et compagnons. Vous m'aimiez plus qu'un frère. Maintenant, on m'appelle feu[5] Renart qui fut le roi de la ruse et du mauvais tour.

« – Voilà qui va mieux ! Mais depuis quand es-tu donc mort, Renart ?

2. Son erreur.
3. La louve, épouse d'Ysengrin.
4. Ridiculisé.
5. Décédé, mort depuis peu.

– Depuis quelque temps. Mais pourquoi s'en étonner ? Ainsi mourront également tous les vivants. Il leur faudra passer de vie à trépas le jour qu'il plaira à Dieu. Notre Seigneur qui m'a délivré de cette vie de douleur garde maintenant mon âme. Je vous supplie, très cher compagnon, de me pardonner de vous avoir mis en colère l'autre jour.

– Bien sûr ! je vous l'accorde. Recevez mon pardon, cher compère, ici devant Dieu. Mais votre mort m'attriste.

– Moi, je n'en suis pas mécontent.

– Tu t'en réjouis ?

– Mais oui !

– Et pourquoi donc, cher compère, dis-moi ?

– Parce que si mon corps est dans le cercueil auprès d'Hermeline dans ma tanière, mon âme est en Paradis, assise aux pieds de Jésus. Ici, il ne me manque plus rien, mon ami ; mais c'est que je n'ai jamais péché par orgueil. Alors que toi, tu es au royaume de la terre, moi, je suis au ciel. Ici, ce ne sont que champs, bois, plaines, prairies. Quelle abondance ! Ah ! Si tu pouvais voir tous ces troupeaux, ces brebis, ces chèvres, ces bœufs, ces vaches, ces moutons, ces éperviers, ces vautours, ces faucons ! »

Ysengrin jure par saint Sylvestre qu'il voudrait y être.

– « Pas question ! Nous ne voulons pas avoir d'ennui. Vous voyez cette balance ? »

Seigneurs, écoutez la suite : c'est à n'en pas croire ses oreilles. Du doigt, Renart montre le seau au loup et parvient, à force d'adresse, à le persuader qu'il s'agit de la balance qui sert à peser les bonnes et les mauvaises actions :

– « Par Dieu le Père, qui est Pur Esprit et Toute-Puissance, quand le bien pèse assez, celui qui est assis sur le plateau descend jusqu'ici, et tout le mal qu'il a commis reste en haut. Mais personne ne pourra jamais descendre sans s'être confessé, je te le dis en vérité. As-tu avoué tes péchés ?

– Oui, à un vieux lièvre et à une chèvre barbue, dans un esprit de sincérité et de sanctification. Fais-moi vite entrer, compère. »

Renart se prend à le regarder : « Alors, il vous faut adresser à Dieu de ferventes prières pour qu'il vous pardonne en vous accordant la rémission[6] de vos péchés. À cette condition, vous pourrez être admis ici. » Ysengrin, plein d'impatience, se tourne cul à l'est, tête à l'ouest[7] et commence de chanter à tue-tête. Renart – il n'a pas fini de nous étonner, celui-là – se trouvait au fond du puits, dans le seau où il était entré, poussé par le diable assurément. Quand Ysengrin lui dit qu'il a terminé sa prière, il répond que, de son côté, il a achevé son action de grâces[8], ajoutant : « Vois-tu le miracle de ces cierges qui brûlent devant mes yeux, Ysengrin ? Dieu t'accordera son pardon et te remettra généreusement tes péchés. »

Sur quoi, Ysengrin fait descendre le seau jusqu'à la margelle et saute dedans à pieds joints. Comme il était plus lourd que Renart, il descend et voici leur dialogue :

« Pourquoi t'en viens-tu, compère ? » demande Ysengrin. Et Renart de lui répondre : « Ne fais pas cette tête-là, je vais te dire : l'un vient, l'autre s'en va. C'est l'usage. Moi, je monte au Paradis, tandis que toi, tu descends en enfer. Toi, tu vas au diable et moi, je lui ai échappé. Tu es tombé au trente-sixième dessous[9] et moi, je m'en sors. Te voilà renseigné. Par Dieu le Père et le Saint-Esprit, en bas c'est le séjour des démons. »

Quand les moines viendront tirer de l'eau au puits, Ysengrin parviendra à s'enfuir, non sans recevoir une volée de coups de bâton…

6. Le pardon.
7. On prie normalement en se tournant vers l'est, c'est-à-dire vers Jérusalem.
8. Prière de remerciement à Dieu.
9. Être dans le trente-sixième dessous signifie être dans une très mauvaise situation.

Questions

Repérer et analyser

Le statut du narrateur

1 Relevez dans les lignes 1 à 9 deux phrases par lesquelles le narrateur annonce le récit qui va suivre. Quel effet cherche-t-il à produire ?

2 **a.** « notre maître ès ruse » (l. 10) : en quoi le déterminant traduit-il le sentiment que le narrateur éprouve pour Renart ?

b. Quelle relation le narrateur établit-il avec son destinataire ?

L'enchaînement des actions

3 Quel malheur arrive-t-il à Renart ? Quelle erreur en est la cause ?

4 Qui commet ensuite la même erreur ?

Recopiez les phrases qui traduisent la méprise des deux animaux et soulignez les mots identiques. Quel est l'effet produit ?

Le mode de narration

Les paroles rapportées (voir la leçon, p. 28)

5 Relisez le dialogue lignes 46 à 113.

a. En comparant la longueur des paroles prononcées par les personnages, montrez lequel des deux mène la conversation.

b. Quel est le champ lexical dominant dans les lignes 51 à 58 ? Que fait croire Renart à Ysengrin ?

c. Quelle ruse le goupil imagine-t-il et dans quelle intention ?

6 **a.** À quel moment Renart révèle-t-il la supercherie à Ysengrin ?

b. L'antithèse

> Une antithèse est une figure de style qui consiste à rapprocher des termes opposés pour en faire ressortir le contraste.

Par quelles antithèses résume-t-il la situation du loup et la sienne à la fin de l'extrait ?

L'humour et la parodie

> L'humour consiste à présenter la réalité de manière amusante.

7 Relevez dans les lignes 27 à 32 une phrase par laquelle le narrateur présente les malheurs de Renart de façon humoristique.

8 **a.** En quoi la description du Paradis par Renart est-elle amusante ?
b. Relevez les termes qui appartiennent au champ lexical de la religion dans les lignes 46 à 102. Comment qualifieriez-vous l'attitude apparente des personnages ?
c. Quelles sont leurs véritables motivations ? Quel est l'effet créé par un tel décalage ?

9 Quels actes en particulier donnent au texte un caractère comique (l. 83 à 95) ? Justifiez votre réponse.

Un personnage : Renart

10 Relevez dans le premier paragraphe les mots et les expressions par lesquels le narrateur caractérise Renart. Sur quel trait de caractère insiste-t-il ?

11 **a.** Relevez dans les lignes 10 à 52 les mots et expressions qui désignent le goupil : classez-les selon qu'ils sont employés par le narrateur, par Renart lui-même ou par Ysengrin.
b. Quelles différentes images sont données du personnage ?

12 De quels défauts et de quelles qualités Renart fait-il preuve dans cet extrait ?

La visée

13 Quelle est la visée de cet extrait ? Appuyez-vous sur l'ensemble de vos réponses.

Comparer

14 Recherchez la fable d'Ésope intitulée *Le Renard et le Bouc* et comparez-la avec l'extrait précédent (titre, personnages, mode de narration…).

Extrait 3

Renart jongleur

En cherchant de quoi manger, Renart est tombé dans la cuve d'un teinturier : le voilà à présent d'une belle couleur jaune ! Il rencontre alors Ysengrin qui voudrait bien se venger de lui. Renart est méconnaissable sous son étrange couleur mais il craint que sa voix ne le trahisse…

Il se dit qu'il va parler comme s'il n'était pas du pays.

Ysengrin se trouve jeter les yeux du côté par où Renart arrive, il le voit et sa peur est telle qu'il est tout près de s'enfuir ; avant que le goupil l'ait rejoint, il a bien le temps de faire au moins, je pense, cent signes de croix, de sa patte dressée. Après quoi, il s'en tient là, se disant qu'il n'a jamais vu un animal pareil : il doit s'agir d'un étranger. Et voici que Renart le salue :

– « Godehelpe, cher seigneur ! Moi pas savoir parler ta langue.

– Que Dieu vous garde, très cher ami ! D'où êtes-vous et d'où venez-vous ? Vous n'êtes pas de par ici ? Ni originaire de France ?

– Ni, ma seigneur, mais de Brittain. Mais moi aller Paris avant ; moi avoir appris tout français.

– Et avez-vous un métier ?

– Ya, je foutre[1] très bon jongleur. Mais je foutre hier volé et battu et mon vielle[2] foutre pris à moi.

– Comment t'appelles-tu ?

– Moi foutre nommé Galopin. Et vous comment, cher seigneur honnête ?

– On m'appelle Ysengrin, mon ami.

1. Interjection extrêmement grossière. | 2. Voir « Se documenter », p. 69.

– Et vous foutre né dans ce pays ?

– Oui, et c'est là que j'ai toujours vécu.

– Et toi savoir nouvelles du roi ?

– Pourquoi cette question puisque tu n'as pas de vielle ?

– Je foutre servir très volontiers tout le monde avec ma métier. Je foutre savoir bon conte breton, de Merlin et Noton[3], de roi Arthur et de Tristan, du Chèvrefeuille, et de saint Brandan[4].

– Et le conte de dame Yseult, le connais-tu ?

– Ya, Ya, God il t'entende, je foutre les savoir tous.

– Tu ne manques pas de courage et tu es, aussi, capable, j'en suis persuadé. Mais dis-moi, au nom du Roi Arthur, – et que Dieu te garde, – n'as-tu pas rencontré une espèce de sale rouquin, un médisant, un traître qui n'aime personne et ne sait que tromper et ruser à tout vent ? Il m'en a fait tant voir que je voudrais bien le voir s'engager sur ce chemin dont on ne revient pas. Si je le tenais, il n'en aurait plus pour longtemps à vivre. J'ai l'autorisation du roi, ou plutôt son ordre exprès. »

Et Renart qui avait écouté la tête basse :

– Sur ma foi, seigneur Ysengrin, ce méchant gueux, foutre lui fou ? Comment foutre lui appelé à nom ? Dites-moi.

– Comment il a nom ?

– Foutre lui donc appelé Anon ? »

À ces mots, le loup ne peut s'empêcher de rire, mis en gaieté par le nom d'Anon qui lui paraît être une vraie trouvaille.

– « Tu veux savoir son nom ?

– Oui, comment foutre lui appelé ?

– Il s'appelle Renart, ce maudit. Il passe son temps à se moquer de nous, à nous tourner en ridicule : personne ne

3. Le « netun », fils du diable tué par Yvain dans un épisode du *Chevalier au lion*.
4. Le lai du Chèvrefeuille rapporte un épisode de l'histoire de Tristan et Iseut ; le voyage de saint Brandan raconte comment ce saint s'est rendu en Enfer et au Paradis.

lui échappe. Ah ! Si je pouvais lui mettre la main dessus ! La terre en serait vite débarrassée, il n'en aurait plus besoin de beaucoup !

– Lui foutre tout mis à mal, si tu le foutre avoir trouvé. Par la foi que devez aux saints martyrs et à saint Thomas de Cantorbir[5], et pour tout l'or que Dieu avoir, ne foutre moi vouloir lui ressembler.

– Tu as raison car ni Apollon ni tout l'or du monde ne suffiraient à te protéger. [...] Mais, dis-moi, très cher ami, es-tu assez expert en ton métier pour te produire à la cour sans avoir à rougir devant un autre jongleur, ni à paraître embarrassé devant ceux du pays ?

– Par Monseigneur saint Jérusalem, ne foutre trouvé en une année un aussi bon que moi.

Ysengrin propose à son nouvel ami de voler la vielle d'un paysan. De nuit, le loup s'approche de la ferme...

En homme qui sait où il va, il s'approche sans hésiter de la fenêtre : une barre de bois la maintenait ouverte que ce soir-là, on avait oublié de rabattre. Ysengrin se juche sur le rebord et, d'un saut, s'introduit à l'intérieur. Il se dirige sans hésiter vers l'endroit où la vielle est suspendue, la dépend et la tend à son compagnon qui se la passe au cou en se demandant comment il va s'y prendre pour se moquer d'Ysengrin.

À son tour, il va directement à la fenêtre et, se saisissant du loquet qui la maintient ouverte, il le tourne vers le bas pour la fermer. Ysengrin, prisonnier à l'intérieur, est persuadé qu'elle s'est fermée toute seule ; pris de panique, il saute contre le carreau : le bruit surprend le paysan dans son sommeil. Encore à moitié endormi, il est aussitôt sur pieds, criant à sa femme et à ses enfants : « Debout ! Au voleur ! » Puis, machi-

5. Saint Thomas Becket, archevêque de Canterbury.

nalement, il va ranimer le feu. Quand Ysengrin le voit se lever et se diriger vers la cheminée, il recule de quelques pas et se jette sur lui par derrière en le mordant aux fesses. Le paysan ameute de ses cris tant ses proches que ses cousins et ses voisins : « Au secours, par l'Esprit de Dieu, il y a le diable chez moi ! »

Aussitôt qu'Ysengrin voit la porte ouverte et les villageois, l'air bien décidés à ne pas s'en laisser conter[6], qui arrivent à toute allure, armés de cognées[7] et de massues, d'un saut, il est dehors, réussissant à passer entre la porte et l'homme : il le heurte si brutalement au passage qu'il le fait tomber à plat dans la mare pleine de purin. Il retombe sur ses quatre pieds, mais, ne sachant de quel côté chercher son compagnon, s'enfuit, serré de près par les hommes qui le poursuivent à grands cris.

Manuscrit français 1581, BNF, Paris.

6. À ne pas se laisser tromper.

7. Haches.

Questions

Repérer et analyser

La relation entre les personnages

1 Quelle ruse Renart emploie-t-il pour éviter que sa voix ne le trahisse ? Quelle langue étrangère pouvez-vous reconnaître dans son discours ? Quelles fautes de français commet-il ?

2 **a.** Quelle nouvelle identité le goupil se donne-t-il ? Quel nom s'est-il choisi ? Vous semble-t-il en accord avec sa personnalité ?
b. Quel métier prétend-il avoir ? Dites en quoi il consiste, en vous appuyant sur le texte et sur la rubrique « Se documenter », p. 69.

3 **a.** Relevez les expressions par lesquelles Ysengrin désigne celui qu'il croit être un étranger. Sont-elles valorisantes ou dévalorisantes ?
b. Relevez les mots et expressions par lesquels Ysengrin désigne et caractérise Renart. Sont-ils valorisants ou dévalorisants ?
c. Quel est l'effet produit par ces deux présentations ?

Le dénouement

4 **a.** Quelle initiative Ysengrin a-t-il aux lignes 67 à 73 ? Quel tour Renart lui joue-t-il ?
b. Relevez les mots et expressions qui donnent un rythme rapide au dernier paragraphe. Quel est le dénouement de l'histoire ?

Un personnage : Ysengrin

5 **a.** Quelle est la première réaction du loup en voyant Renart ? Pourquoi fait-il des signes de croix ?
b. De quoi menace-t-il le goupil (l. 37 à 55) ?
c. Que désigne la périphrase des lignes 38-39 (voir la leçon, p. 24) ? Quel sentiment Ysengrin éprouve-t-il envers Renart ?

6 Quels sont les défauts et les qualités d'Ysengrin dans cet extrait ?

Le registre comique

Le conte animalier présente plusieurs types de comiques :
- le comique de mots (langage familier ou grossier) ;
- le comique de gestes (coups de bâtons, poursuites) ;
- le comique de situation (ex : quiproquo, erreur qui consiste à prendre une personne ou une chose pour une autre).

7 En quoi cet extrait repose-t-il sur un quiproquo ?

8 **a.** Relevez les jurons et interjections présents dans le texte.
b. Donnez d'autres exemples de comique de mots.

9 À la fin du texte, relevez deux exemples de comique de geste.

La visée

10 Quelle est la visée principale de cet extrait ?

Écrire

11 Récrivez le dialogue lignes 9 à 32 en traduisant les paroles de Renart en français correct.

12 Vous avez décidé, par plaisanterie, de vous faire passer pour quelqu'un d'autre. La ruse fonctionne jusqu'à ce que…
Racontez en présentant les faits avec humour.

Mettre en scène

13 Apprenez avec un(e) camarade les lignes 9 à 37 et récitez-les devant la classe à la façon d'une scène de théâtre.

Se documenter

Les jongleurs

Au Moyen Âge, les jongleurs étaient indispensables à toutes les fêtes. On appelait ainsi les artistes itinérants qui allaient de château en château ou de foire en foire présenter des spectacles très variés : tours de magie ou d'acrobatie, danse, musique, pièces de théâtre ou pantomimes ; mais ils étaient surtout appréciés pour leur talent à réciter de mémoire des œuvres littéraires en s'accompagnant du luth ou de la vielle (instruments de musique à cordes) ; parfois même, ils les enrichissaient de nouveaux épisodes : les termes de trouvère ou de troubadour (dans le sud de la France) – qui signifient « celui qui trouve » – servaient alors à désigner ces compositeurs inspirés.

Extrait 4

Renart et Chantecler le coq

Un jour, Renart qui, comme d'habitude, était toujours prêt à jouer quelque tour de sa façon et à s'amuser aux dépens d'autrui, se dirigeait vers un hameau situé dans un bois et bien pourvu en poules, coqs, canes, canards, jars et oies. Habitait là, en bordure du hameau, messire Constant du Marais, un paysan très riche, dont la maison regorgeait de tout. On y trouvait abondance de chapons, et tout autant de viande salée, et de flèches de lard[1] ; le blé non plus n'y manquait pas. Bref, c'était une bonne maison dont les vergers produisaient, de surcroît, des pommes, de belles cerises et quantité d'autres variétés de fruits. C'est donc là que Renart s'achemine, comptant y trouver son affaire. Le jardin était soigneusement clôturé par une palissade de gros pieux de chêne taillés en pointe au pied desquels poussait de l'aubépine. Le père Constant y avait mis ses poules à l'abri. Renart s'y dirige tout droit, reniflant la haie sans un bruit et sans se laisser distraire de sa quête. Mais les buissons d'épines lui opposent un obstacle infranchissable : il ne peut ni ramper dessous, ni sauter par-dessus ; et pourtant, il ne veut pas renoncer aux poules.

Accroupi dans le chemin, il se démène, tendant le cou pour mieux voir mais se dit que, s'il saute, les poules le verront et se mettront à l'abri de la haie. Il risquerait aussi de se faire surprendre avant d'avoir rien gagné. En somme, il se demandait bien comment il allait pouvoir s'approcher des poules qu'il voit picorer sous ses yeux. Il avance donc en dodelinant de la tête jusqu'à l'angle de la clôture où un pieu brisé lui permet de s'introduire dans l'enclos. Le paysan avait planté

1. Pièce de lard sur le côté du porc.

des choux devant la brèche. Renart, après s'être faufilé à l'intérieur, s'y dissimule afin de n'être pas aperçu. Mais les poules qui ont remarqué son mouvement se dépêchent de prendre la fuite en gloussant. Pendant ce temps, Monseigneur Chantecler le coq, se glissant entre deux pieux, avait marché jusqu'à un tas de fumier, en suivant l'ornière[2] d'un sentier qui longeait le bois. Et le voici qui revient fièrement [...].

Folle tranquillité que la sienne ! Un œil ouvert, l'autre fermé, une patte repliée, l'autre tendue, il se perche sur un toit ; et là, fatigué de chanter et de rester éveillé, il se prend à somnoler.

Dès que Renart est sûr, à le voir sommeiller, de ne pas manquer son coup, il s'approche sans attendre davantage avec force[3] précautions, lui, l'ennemi du genre humain, et qui n'est jamais en retard d'un mauvais coup. Il s'avance tout doucement, pas à pas, tapi au sol. Si Chantecler lui laisse le temps de le saisir entre ses dents, il aura sujet de le regretter. Aussitôt qu'il est bien en vue du coq, il va pour lui planter les crocs dans le corps, mais, dans son impatience, il manque son coup et Chantecler l'esquive, d'un saut de côté. Reconnaissant Renart, il marque un temps d'arrêt sur le fumier, tandis que le goupil, constatant son échec, se retrouve tout penaud et se demande comment parvenir à tromper Chantecler, car, s'il ne le mange pas, il aura perdu son temps.

– « Ne te sauve pas, Chantecler, n'aie pas peur. Je suis bien heureux de te voir en bonne santé car tu es mon cousin germain. »

Et le coq, rassuré, pousse un joyeux cocorico. Alors Renart :

– « Te souviens-tu encore de la façon dont chantait ton cher père, Chanteclin ? Aucun coq ne l'a égalé ; sa voix portait à plus d'une lieue[4]. Quand il chantait, il gardait les yeux fermés et sa voix s'élevait, haute et pure, sans qu'il perde jamais le

2. Le creux.
3. Beaucoup de.
4. Environ 4 km.

souffle. Mais il ne voyait pas plus loin que son bec, quand il poussait couplets et refrains.

– Renart, mon cousin », rétorque Chantecler, « cherchez-vous à me tromper ?

– Pas le moins du monde, mais chantez donc en fermant les yeux. » […]

Sur ce, le coq entonne une chanson d'une voix forte, un œil fermé, l'autre ouvert, car il a grand peur du goupil et regarde souvent dans sa direction. Et Renart : « Voilà qui ne va pas ; Chanteclin chantait autrement, à longue haleine, les deux yeux fermés. On l'entendait bien dans vingt cours de ferme. »

Chantecler, mis en confiance, laisse alors vigoureusement s'exhaler la mélodie, en gardant les yeux clos. À cette vue, Renart ne peut plus se tenir. Bondissant de dessous un chou rouge, il l'attrape par le cou et s'enfuit tout joyeux d'avoir fait main basse sur une proie.

C'est alors que la brave fermière ouvre la porte de l'enclos car c'était le soir et elle voulait faire rentrer ses poules à l'abri. Elle appelle Pinte, Bise et Roussette, mais aucune ne répond : « Que peuvent-elles bien faire ? », se demande-t-elle. Elle appelle alors son coq de toute sa voix avant d'apercevoir Renart qui l'emmène ; aussitôt, elle se précipite pour le sauver. Mais le goupil prend le galop.

Comprenant qu'elle ne parviendra pas à le reprendre, elle se décide à appeler à l'aide :

« Haro, Haro ! » s'écrie-t-elle à tue-tête.

Les paysans qui étaient en train de jouer à la balle se dirigent du côté d'où viennent les cris et demandent à la fermière ce qu'elle a.

– « Ah, quel malheur ! » soupire-t-elle.

– « Que se passe-t-il ?

– J'ai perdu mon coq ; le renard l'a emporté.

– Vite, dépêchez-vous », leur hurle Constant.

Et tous de se précipiter, cependant que Constant appelle son chien, celui qu'on a baptisé Malvoisin.

– « Bardou, Travers, Hombaut, Rebours, tous, sus à Renart le rouquin ! »

À force de courir, les paysans arrivent en vue de Renart. « Il est là », crient-ils. Mais Chantecler n'est pas tiré d'affaire pour autant, s'il ne trouve pas un moyen de s'échapper.

« Comment, seigneur Renart, vous n'entendez pas les injures que ces paysans crient après vous ? Constant est sur vos talons. Lancez-lui donc une de ces plaisanteries dont vous avez le secret quand il passera par ici. S'il s'écrie : « Renart l'emporte ! » vous pouvez répondre : « Malgré vous ! » Il ne saura plus quoi dire. »

Il n'est si sage qui ne commette un jour une sottise. Et cette fois-là, ce fut au tour de Renart, le maître ès ruses, de se faire berner. Il se met à crier à tue-tête : « C'est malgré vous que j'emporte ma part de celui-là ! » Dès qu'il sent la gueule se desserrer, Chantecler se sauve à tire-d'aile, se dépêchant de se percher sur un pommier tandis que Renart reste en bas sur un tas de fumier, furieux et fort dépité de l'avoir laissé échapper.

Manuscrit français 1580, BNF, Paris.

Questions

Repérer et analyser

Le cadre spatial

1 Relevez les détails qui permettent de camper le décor de la ferme (l. 12 à 34) et la vie à la campagne (l. 75 à 87).

2 Quelles sont les richesses des paysans (l. 1 à 11) ? Relevez les expressions et l'énumération qui traduisent cette richesse.

Les personnages

3 En quoi le comportement de Renart est-il conforme à ses traits de caractère habituels ?

4 **a.** Quels nouveaux animaux apparaissent dans cet extrait ? Donnez leurs noms.

b. Quels personnages ne sont pas des animaux ?

5 En quoi le comportement des animaux est-il conforme à la réalité ?

La progression du récit

L'enchaînement des actions

6 À quels différents obstacles Renart se heurte-t-il (l. 12 à 36) ?

7 Quel premier échec Renart subit-il (l. 43 à 50) ? Pour quelle raison ?

8 À quelle stratégie le goupil a-t-il alors recours (l. 51 à 74) ? Réussit-elle ? Pour répondre, citez des expressions précises.

Le dénouement et la situation finale

9 Dites en deux ou trois phrases de quelle façon Chantecler échappe à Renart. De quelle qualité a-t-il fait preuve ?

10 En quoi ce dénouement diffère-t-il des autres dénouements du *Roman de Renart* que vous avez lus ?

11 Quels sentiments sont éprouvés par Renart à la fin de l'extrait ?

Le mode de narration

Les paroles rapportées (voir la leçon, p. 28)

12 **a.** Repérez les paroles rapportées. Qui sont les interlocuteurs ?

b. Relevez les verbes marquant une prise de parole (l. 84 à 111).

13 Quel argument Renart emploie-t-il d'abord pour convaincre Chantecler de lui faire confiance ?

14 Qui est Chanteclin ? Renart fait-il de lui un portrait mélioratif ou péjoratif ? Quelle est son intention ? Citez le texte.

L'animation du récit

15 **a.** Rendez à chaque personnage son action :

Renart •	• et tous de se précipiter
Chantecler •	• il se sauve à tire d'aile
Les poules •	• elle se précipite
La fermière •	• elles se dépêchent de prendre la fuite
Les paysans •	• il prend le galop

b. Quel est le point commun de ces verbes ? Quel rythme donnent-ils à l'épisode ?

c. Que signifient les mots « haro » (l. 84) et « sus » (l. 94) ? Quel effet produisent-ils ?

Écrire

16 De retour à la ferme, Chantecler commente les événements avec Pinte. Imaginez leur dialogue en vous efforçant de varier les verbes introduisant leurs paroles.

Se documenter

La langue du *Roman de Renart*

17 Voici le début de l'extrait, tel qu'il se présentait à l'origine, en octosyllabes et en langue romane : en vous aidant de la traduction française, retrouvez les noms qui désignent des animaux.

Il avint chose que Renars,
Qui tant par fu de males ars
Et qui tant sot toz jors de guile,
S'en vint traiant a une vile.
La vile seoit en un bos.
Molt i ot gelines et cos,
Anes et malarz, jars et oës.

Extraits 5 et 6

Le jugement de Renart

Le jugement

À leur tour, Brun l'ours, Tibert le chat et de nombreuses autres bêtes sont victimes de Renart. Les animaux vont se plaindre au roi Noble, le lion. Ce dernier envoie alors le blaireau Grimbert, cousin et ami de Renart, chercher le goupil pour qu'il soit jugé.

[…] Au moment où Renart pénètre dans la cour, toutes les bêtes sans exception se préparent à porter plainte ou à défendre l'accusé. Renart n'est pas loin d'être confondu[1] ; il ne repartira pas entier chez lui car Ysengrin aiguise ses dents, Tibert le chat réfléchit, ainsi que Brun, qui a la tête vermeille[2], Chantecler ne somnole pas et Roonel[3] se tient prêt. Mais, que l'on aime Renart ou qu'on le haïsse, il faut avouer qu'il ne fait pas lâche figure ; au contraire, tête levée, il commence son discours au milieu du palais : « Roi, dit Renart, je vous salue, en homme qui vous a mieux servi que tous les barons de l'empire. Maudit soit celui qui m'accable devant vous ! Je ne sais si cela provient de ma malchance mais je n'ai jamais encore été sûr de votre affection un jour entier. Je vous ai quitté avant-hier avec votre faveur, votre affection, sans ressentiment ni colère, et voilà que des calomniateurs[4] ont œuvré pour se venger de moi et que vous me condamnez à mort. […] Que le seigneur Dieu me protège, cher sire, ainsi que votre majesté et la fidélité, la loyauté que j'ai toujours respectées. Mais j'ai maintenant la gorge chenue[5], je suis vieux et ne dispose plus

1. Démasqué.
2. Rouge, à cause du sang de ses blessures dont Renart est responsable.
3. Le mâtin (gros chien).
4. Faux accusateurs.
5. Blanchie par l'âge.

de mes forces ; je n'ai plus cure[6] désormais de procès. [...] Ce sera en tout cas une piteuse vengeance de me faire mourir sans jugement, qui provoquera bien des critiques.

– Renart, Renart, dit l'empereur, maudite soit l'âme de votre mère, qui n'a pas avorté mais vous a porté en son ventre ! Dites-moi donc, traître, gredin, pourquoi êtes-vous si menteur ? Vous trouvez toujours des paroles flatteuses mais elles sont inutiles et ne vous serviront à rien, tout comme votre vernis de rhétorique[7]. [...]

– Sire, sire, dit le blaireau, [...] vous vous écartez de vos devoirs ! Écoutez donc, ne vous déplaise : Renart est venu avec un sauf-conduit[8] pour rendre des comptes et offrir réparation[9] de ce qu'on lui reprochera, si quelqu'un se plaint de lui et que votre générosité le lui accorde. »

Avant que Grimbert ait entièrement achevé son propos, Ysengrin bondit sur ses pieds, suivi de sire Belin le mouton, Tibert le chat, Roonel, messire Platel le daim, Brun, qui a essuyé son visage, sire Brichemer le cerf, Marcin le chevreau, Bruyant le taureau et Muyant le mulet.

Ils encerclent Renart, se saisissent de lui et le retiennent prisonnier. Tous s'écrient : « Au gibet ! Nous allons pendre Renart et sa ruse ne le sauvera pas : il ne s'échappera pas d'ici vivant. » Le conseil est réuni et l'on bande les yeux à Renart. Il est conduit à la potence pour être pendu et, hélas pour lui, ne peut se défendre. Il s'échapperait bien volontiers pour aller à Maupertuis[10], goûter la sécurité de son logis mais il ne peut aller contre la volonté de Dieu.

[...]

Grimbert souffre un grand martyre ; il pleure et soupire pour son cousin et se dresse devant le roi : « Sire, je vous garantis ma

6. Je ne me soucie plus.
7. Art de bien parler.
8. Un laissez-passer.
9. Dédommagement, compensation.
10. Nom du château de Renart.

fidélité et vous donnerai de solides assurances : Renart ne vous causera plus de soucis, ni à vous ni à personne d'autre à aucun jour de sa vie, s'il peut être sauvé cette fois-ci. Par Dieu, examinez raisonnablement l'affaire : ayez pitié de votre baron. S'il est pendu, sachez-le bien, tous ses parents seront déshonorés et avilis à jamais. Mais s'il s'en sort vivant, je lui ferai prendre la croix[11] : je vous en prie à haute voix, dit Grimbert, accordez-lui cette grâce. » Le roi lui octroya alors cette faveur, fit amener Renart et le fit mettre debout : « Ah, dit-il, rouquin d'immonde[12] origine, toujours préoccupé de mal agir, méchante créature ! La Nature s'est vraiment trompée en te donnant la vie car tu ne peux tendre vers le bien, fils de pute, digne de la pendaison ! » Renart était debout devant le roi et lui dit en soupirant : « Ha, noble roi, pitié, au nom de Dieu ! Vous avez ma parole : je vous jure que vous n'entendrez jamais plus personne se plaindre de moi. Je vous le promets de bonne foi.

[…] Je ne sais s'il accomplira son pèlerinage mais, quoi qu'il en soit, il a la croix sur l'épaule droite[13] et on lui apporte la sacoche et le bâton de pèlerin. Les bêtes, elles, se désolent : celles qui l'ont poussé et frappé disent qu'elles le paieront un jour.

Manuscrit français 1579, BNF, Paris.

11. Je le ferai partir aux Croisades.
12. Répugnante, ignoble.
13. On cousait une croix sur le vêtement du croisé.

Questions

Repérer et analyser

La progression du récit

Le procès

1 Donnez l'identité des différents accusateurs de Renart (l. 1 à 6, 34 à 42). Quelle peine réclament-ils pour le goupil ?

2 **a.** Relevez les termes appartenant au champ lexical de la justice lignes 1 à 16.

b. Quels mots désignent l'instrument du supplice (l. 39 à 44) ?

3 **a.** Qui prend la défense de Renart ?

b. Quelles peines propose-t-il tour à tour ?

4 **a.** Qui tient le rôle du juge ?

b. Relevez les expressions par lesquelles il désigne le goupil. Sont-elles mélioratives ou péjoratives ? Que décide-t-il d'abord (l. 23 à 28) ?

c. Quel verdict rend-il ? Appuyez-vous sur les lignes 55 à 68.

5 Quels sont les sentiments des autres animaux à la fin du procès ?

Une technique d'écriture : l'argumentation juridique

6 **a.** Repérez le début et la fin du discours de Renart. Comment appelle-t-on une argumentation de ce type, faite devant un tribunal ?

b. Replacez les arguments ci-dessous dans l'ordre où ils apparaissent dans le discours du goupil puis illustrez chacun d'eux par une phrase tirée du texte.

- Renart est vieux et malade
- Ceux qui l'accusent sont des menteurs
- Il est un fidèle sujet du roi
- Il ne faut pas confondre vengeance et justice

7 Quels sont les différents arguments présentés par Grimbert dans les lignes 29 à 33 et les lignes 49 à 57 ?

8 **a.** Qui Renart et Grimbert veulent-ils convaincre par leur argumentation ?

b. À quels sentiments font-ils également appel ? Citez le texte.

c. Quelles discrètes critiques à l'égard du roi leurs paroles contiennent-elles ?

Renart pèlerin

Et voici Renart pèlerin, la sacoche au cou, le bourdon[1] de frêne à la main. Le roi lui demande de leur pardonner toutes les offenses commises à son endroit et d'abandonner ruse et mauvaises actions ; ainsi, s'il meurt, il sera sauvé de l'enfer. Renart ne s'oppose à aucune des prières du roi ; au contraire, tant qu'il n'est pas encore parti, il lui accorde tout, rompt le fétu[2] et leur pardonne. Il quitte la cour un peu avant midi sans que personne s'arrête sur son passage – Renart les défie intérieurement – si ce n'est le roi et son épouse, madame Fière l'Orgueilleuse, qui était très courtoise et très belle ; elle s'adresse à Renart avec beaucoup de gentillesse : « Sire Renart, priez pour nous et nous prierons aussi pour vous. »

Le roi, sa cour et ses serviteurs se trouvaient dans la grande vallée, entre quatre rochers pointus qui se dressaient, tout droits, vers le ciel. Renart monte sur le plus haut, [...] arrache de ses mains la croix et leur crie à haute voix : « Sire roi, voilà votre bout de chiffon ! Que Dieu maudisse le bougre qui m'a encombré de ce manteau, de ce bourdon et de cette sacoche. » Et sous les yeux des bêtes, il s'en essuie le derrière et la leur jette à la tête puis dit au roi d'une voix haute : « Sire, prête-moi attention : je t'apporte le salut de Nour ed-Dîn[3], en bon pèlerin que je suis. Les païens ont tous une telle crainte de vous que pour peu, tous prendraient la fuite. »

[...] « Par Dieu, dit le roi, comme je suis trahi, ridiculisé et stupéfié par ce Renart qui me craint si peu ! Je vois bien maintenant qu'il me considère comme un moins que rien. Seigneurs, tous après lui ! Voyez, il s'enfuit par là-bas ! Sachez bien que s'il nous échappe, nous sommes tous condamnés à

1. Bâton du pèlerin.
2. On cassait un brin de paille pour témoigner de la solennité d'un serment.
3. Nûr Al-Dîn, brillant sultan d'Alep (1146-1174) qui lutta contre les croisés.

mort. Celui d'entre vous qui le capturera verra tout son lignage[4] affranchi. »

Si vous aviez vu alors Ysengrin, le mouton, sire Belin, Brun l'ours, Tibert le chat, messire Pelé le rat, Chantecler et dame Pinte, qui l'avait accompagné à la cour avec trois autres poules, sire Ferrant le roncin[5], maître Roonel le mâtin, sire Blanchard le chevreau et maître Tiercelin le corbeau ! Frobert le suit, le grillon, ainsi que Gagne-Petit, le furet. Ensuite vient sire Baucent, le sanglier aux dents aiguës ; Bruyant le taureau est bien calé sur ses étriers et Brichemer s'est lancé à la course. Le limaçon porte l'enseigne ; il les conduit bien à travers la plaine. Renart tourne la tête et voit venir les gens du roi ; il ne sait que faire en ce bas monde. D'un saut, il a quitté la route et pénétré dans des broussailles ; Courte, la chienne, le suit à la trace. Les autres ne le rassurent pas plus ; ils le menacent grandement et jurent que ni clôture ni fortification, ni palissade ni forteresse, donjon, tour, tanière ou buisson ne pourront l'empêcher d'être capturé et restitué puis écorché vif ou pendu. Renart voit qu'il ne pourra pas résister, fuir ou poursuivre son chemin ; sa bouche est écumante et les autres lui arrachent des touffes de poil, lui écorchent la pelisse tant que des flocons en volent en l'air. Déjà, ils lui perçaient les reins et il s'en fallait de peu qu'il ne tombe entre leurs mains ; ils lui tendent une mauvaise embûche[6] et ce serait miracle qu'il en réchappe. Il est pourtant si dégourdi qu'il disparaît dans Maupertuis, qui est à la fois son bon château et son donjon, sa forteresse et son logis ; il n'y craint ni armée ni assaut : celui qui veut maintenant suivre son chemin, qu'il y aille !

4. Famille.
5. Cheval de somme (voir « Se documenter », p. 42).
6. Embuscade.

Questions

Repérer et analyser

La progression du récit

1 **a.** Qu'est-ce qu'un pèlerinage ?
b. Quels objets permettent de reconnaître en Renart un pèlerin ?

2 **a.** Le goupil s'est-il repenti ?
b. Citez le passage dans lequel Renart dévoile ses réelles intentions. À quel moment le fait-il ? Pourquoi ne l'a-t-il pas fait avant ?

3 Quelles nouvelles fautes commet-il envers les animaux, envers le roi, envers Dieu ? Citez le texte. Quel ordre donne alors le lion ?

4 Relevez les phrases par lesquelles le narrateur ménage le suspense (l. 116 à 122). Qui sort finalement victorieux de cet épisode ?

Les personnages

Les animaux

5 Faites la liste de tous les animaux évoqués dans ce texte.

6 Relevez des exemples de personnification. Quel est l'effet produit ?

7 Par quel procédé le narrateur souligne-t-il le grand nombre des animaux et leur détermination à condamner Renart (l. 100 à 115) ?

Le personnage de Renart

8 Quels défauts peut-on reprocher à Renart ?

9 Sur quelles qualités du goupil le narrateur insiste-t-il dans les lignes 6 à 9 et 119 à 125 ? Quelles autres qualités possède-t-il ?

10 « Renart les défie intérieurement » (l. 77-78) : quel sentiment le goupil éprouve-t-il pour les animaux ? Comment l'expliquez-vous ?

11 Relevez les mots et gestes qui montrent la violence de la révolte de Renart. Que rejette-t-il ? Quelle valeur met-il au-dessus de tout ?

La parodie

12 Relevez les termes qui évoquent à la fin de l'extrait (l. 93 à 125) l'univers des romans courtois.

13 **a.** Définissez en quelques phrases le caractère du roi Noble. Quels sont ses défauts ?

b. Quels devoirs le lion, en tant que seigneur, s'efforce-t-il de remplir (voir « Se documenter : la féodalité », p. 84) ?

c. Renart se conduit-il envers le roi comme un bon vassal ? Pourquoi ?

Écrire

14 Inventez à votre tour un petit conte animalier dans lequel vos héros seront des insectes que vous personnifierez et à qui vous attribuerez des traits de caractère bien définis.

Étudier une image

Le siège de Maupertuis

15 Où Renart se trouve-t-il ? Que fait-il ? Quel aspect de son caractère l'artiste a-t-il voulu montrer en le représentant ainsi ?

16 Identifiez les autres animaux représentés. Que s'efforcent-ils de faire ? Quelle arme l'animal de droite utilise-t-il ?

17 Qui de Renart ou des autres animaux semble l'emporter ? En quoi leur place dans l'image nous le laisse-t-elle deviner ?

18 Quels objets appartiennent à l'univers de la chevalerie ?

Manuscrit français 1581, BNF, Paris.

S’exprimer à l’oral

19 Choisissez un extrait du *Roman de Renart* parmi ceux que vous avez lus. Lisez-le à haute voix, avec plusieurs de vos camarades, en vous efforçant d’être attentifs aux différentes intonations.

Se documenter

Les Croisades

En 1095, le pape appelle les chrétiens d’Europe à aller reprendre le tombeau du Christ aux Infidèles, c’est-à-dire aux musulmans. En grand nombre, chevaliers de la Chrétienté ou simples pèlerins partent pour délivrer les Lieux saints. Ainsi commence la première Croisade qui aboutit à la prise de Jérusalem (1099) et à la naissance d’un éphémère État chrétien. Huit Croisades seront organisées au long des XIIe et XIIIe siècles, menant à un échec total.

La croisade se présente comme un acte de piété. Vêtu d’un habit marqué d’une croix, muni du bâton et de la besace – insignes du pèlerin –, le croisé se confesse avant son départ et répare les torts qu’il a causés, car il n’est pas sûr de jamais revenir. En fait, sous couvert de la foi, les Croisades donneront lieu à des pillages, comme à Constantinople, ainsi qu’à des massacres de juifs et de musulmans. Pourtant, en dépit des atrocités commises, du racisme et de l’intolérance religieuse, ce contact forcé allait permettre à deux cultures très différentes de mieux se connaître et de s’influencer.

Seigneurs et vassaux : la féodalité

On appelle seigneur le maître d’un territoire où se trouve son château et qu’il doit protéger contre tout agresseur et maintenir en paix.

Un vassal est un chevalier de moindre importance qui tient du seigneur un fief, petite terre ou droit de lever des impôts. En échange, le seigneur reçoit l’hommage du vassal qui lui jure devant Dieu fidélité et le reconnaît pour son suzerain. Le vassal doit combattre sous la bannière du seigneur et obéir à ses décisions de justice.

Un suzerain peut être à son tour le vassal d’un seigneur plus puissant. C’est cette organisation complexe qu’on appelle la féodalité.

Troisième partie

Le Livre des Merveilles

Marco Polo

Manuscrit français 2810, BNF, Paris.

Introduction

Marco Polo et *Le Livre des Merveilles*

L'attrait de l'Orient

Au Moyen Âge, l'Orient est pour le monde occidental une source de rêve et un espace d'aventures : de ces terres lointaines viennent les tissus précieux et les coûteuses épices qui évoquent des pays aux richesses fabuleuses. Au XIIIe siècle, les relations se multiplient entre ces deux mondes si différents : d'innombrables voyageurs, pour la plupart marchands ou religieux, vont d'Occident aux confins de la Chine. L'Asie constitue alors un immense territoire sans frontières, l'Empire mongol, dans lequel il est beaucoup plus facile de se déplacer qu'auparavant. Composé à l'origine de tribus nomades de la région du lac Baïkal (voir la carte, p. 88), le peuple mongol unifié par un chef prestigieux, Gengis Khan, conquiert au fil du XIIIe siècle, au prix de terribles massacres, la Russie, la Perse, l'Asie centrale et la Chine : sous la domination des descendants de Gengis Khan, Ögödeï puis Kubilaï, c'est presque tout un continent uni et en état de paix relative qui s'ouvre aux voyageurs.

Un voyageur parmi d'autres : Marco Polo

De tous les aventuriers européens que la curiosité ou l'ambition ont poussés vers ces nouveaux horizons, le plus illustre est Marco Polo.

• Marco, le Vénitien

L'histoire de Marco est avant tout une histoire familiale. Tout commence en 1253, un an avant sa naissance, quand deux riches marchands vénitiens, Mafeo et Nicolo Polo, quittent Venise pour Constantinople. S'avançant toujours plus loin vers l'Est jusqu'en Chine, ils sont reçus en 1266, à la cour de l'empereur mongol Kubilaï Khan qui leur confie un message pour le pape. Les deux frères s'acheminent alors à nouveau vers l'Europe. De retour à Venise après trois ans de voyage, Nicolo, qui avait laissé son épouse enceinte, apprend qu'il est veuf, et se découvre un fils de quinze ans : Marco. Quand les Polo repartent en 1271, ils emmènent avec eux un tout jeune homme qui rêve déjà d'Orient... Revenus auprès de Kubilaï en 1275, ils entrent à son service pour de longues années. Séduit par la vive intelligence de Marco, Kubilaï fait de lui une sorte d'ambassadeur privilégié. Ce n'est qu'au bout de dix-sept ans, en 1291, que les Polo ont l'occasion de quitter la cour et de regagner leur patrie : Marco est chargé de guider l'escorte qui conduit la belle princesse Cocacin (« Bleu Céleste ») vers son futur époux, le souverain de Perse, par voie maritime. Leur mission accomplie, les trois voyageurs retrouvent Venise en 1295.

• Marco, le voyageur légendaire

Une dernière aventure vient cependant agiter la vie de Marco, alors âgé de 41 ans : lors d'un affrontement entre Venise et Gênes en 1298, il devient l'otage des Génois. Pour tromper l'ennui de sa captivité, il raconte ses souvenirs de voyage à son compagnon de prison, Rustichello de Pise, un auteur de romans de chevalerie, qui les retranscrit en ancien français. Ces récits forment une œuvre que le voyageur vénitien intitule simplement *Le livre de Marco Polo*. Après cette ultime épreuve, l'existence de Marco est paisible : il se marie, devient père de trois filles et continue ses activités commerciales. Mais quand il meurt en 1324 à Venise, l'explorateur, à la fois audacieux et réfléchi, entre pour toujours dans la légende, tel un nouvel Ulysse, et les contrées inouïes qu'il décrit vont faire rêver tout l'Occident...

Le Livre des Merveilles

Le livre de Marco Polo eut très vite un succès considérable : on a pu dénombrer 143 manuscrits différents, en plusieurs langues. Les copistes en changèrent souvent le titre pour souligner leur émerveillement ou leur incrédulité : *Le Livre des Merveilles, Les Merveilles du Monde, Le Devisement* (la description) *du Monde*, ou même en italien, *Il Milione*. On le considère en effet comme un recueil de légendes : la variété des coutumes, les animaux étranges, les trésors d'Inde et de Chine paraissent incroyables. Pourtant, à ceux qui lui demandent de rectifier ses exagérations, Marco Polo répond : « Je n'ai pas écrit la moitié de ce que j'ai vu ». Ce n'est qu'au fil des siècles, quand l'Extrême Orient sera mieux connu, que l'on s'apercevra de l'exactitude des témoignages du voyageur.

Un récit de voyage

Marco Polo ne se présente pas comme un austère géographe : les informations concernant la faune, les végétaux, les hommes et leurs coutumes, doivent avant tout intéresser le lecteur. Son but n'est pas non plus de rédiger une histoire de sa vie privée : son père et son oncle sont absents de son récit, et lui-même confie peu ses sentiments. Enfin Marco Polo ne se veut pas homme de lettres. Son œuvre aux nombreuses répétitions révèle une absence totale de recherches de style. Comme il le déclare dans l'introduction de son livre, son principal souci est de se montrer exact afin d'être cru : « Nous présenterons les choses vues pour vues et les choses entendues pour entendues, en sorte que notre livre soit sincère et véritable sans nul mensonge, et que ses propos ne puissent être taxés de fables. »

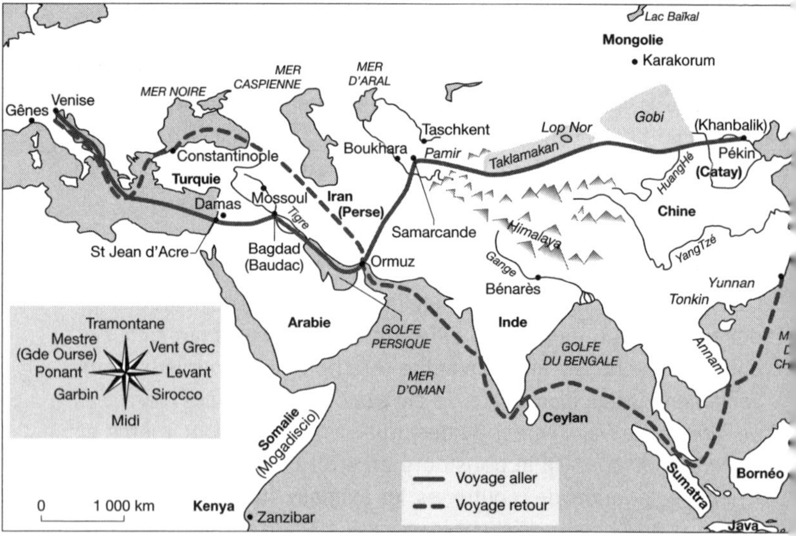

Extraits 1 et 2

Sur la route de la soie

Le livre de Marco Polo suit les grandes étapes de son voyage vers la Chine. Il évoque ici les villes perses de Mossoul et de Baudac, c'est-à-dire Bagdad.

Ci[1] devise[2] du royaume de Mossoul

Mossoul est un grand royaume qu'habitent plusieurs sortes de gens, lesquels je vais vous décrire. En premier viennent ceux appelés Arabes, qui tous adorent Mahomet. Il y a aussi une autre race de gens qui suivent la loi chrétienne, mais non pas selon ce que commande l'Église de Rome, car ils se trompent en plusieurs choses. Ils sont appelés Nestoriens, et Jacobites. […]

Tous les plus beaux draps de soie et d'or qu'on nomme mousseline sont fabriqués là-bas, et les artisans sont passés maîtres dans cet art. Et je vous dis aussi que les grands marchands appelés mousselins, qui apportent de grandes quantités de toutes ces épices coûteuses, ces perles et ces vêtements d'or et de soie, sont pour la plupart de ce royaume. […]

Avec cette province est une certaine autre province nommée Mus et Meridin[3], où poussent les plus grandes quantités de coton et où l'on fait grande fabrication de boquerant[4] ainsi que bien d'autres. Marchands et artisans y sont nombreux, et soumis au roi des Tartares[5]. […]

Dans ces régions est une grandissime cité appelée Baudac, laquelle en Sainte Écriture est appelée Suse. Différentes races

1. Ci : ici.
2. Devise : je raconte.
3. Mouch et Mardin, dans l'actuelle Turquie.
4. Tissu de coton précieux (voir « Se documenter », p. 97).
5. Autre nom des Mongols (voir p. 98).

de peuple y habitent, notamment Juifs, Païens et surtout Sarrazins ; là est le principal prélat, qu'on appelle Calife[6], de tous les Sarrazins du monde, tout juste comme à Rome est chef de tous les Chrétiens du monde. [...] On la dit si grande qu'un homme n'en peut faire le tour qu'en trois journées. Par la ville passe un fleuve très grand qui court à la mer devers le midi[7], et par ce fleuve l'on peut bien aller en la mer d'Inde ; un très grand nombre de marchands y vont et viennent sans cesse avec leurs marchandises. Et sachez que le fleuve est long, de Baudac à la mer d'Inde, de bien dix-huit journées, plus ou moins selon le courant de l'eau et le sens pris par les navires ; et les marchands qui veulent aller en Inde vont par ce fleuve jusqu'à une cité qui a nom Chisci[8], et de là ils entrent en la mer d'Inde. Je vous dirai encore que sur ce fleuve, entre Baudac et Chisci, est une grande cité qui a nom Bassora. Tout autour de la cité, dans de grands bois de palmiers, viennent les meilleures dattes du monde. En Baudac, on fait maintes sortes de draps d'or et de soie : ce sont *nascici*, *nac* et *cramoisi*[9], très richement ornés de poissons, bêtes et oiseaux. Et toutes les perles qui sont apportées en Chrétienté depuis l'Inde sont pour la plupart percées à Baudac. On y étudie en toutes sciences, et notamment la loi de Mahomet, la nécromancie, la physique, l'astronomie, la géomancie, la physiognomonie et la philosophie. Elle est la plus noble cité, et la plus grande qui soit en toutes ces régions.

Extraits des chapitres XXIV et XXV.

6. Chef religieux.
7. Le midi : le sud (voir la rose des vents, p. 88).
8. L'île de Qishm, dans le détroit d'Ormuz.
9. Noms arabes de divers tissus (voir « Se documenter », p. 97).

Repérer et analyser

La situation d'énonciation

Dans un récit de voyage, la situation d'énonciation est particulière : l'auteur est un voyageur qui témoigne de ce qu'il a vu ou entendu au cours de ses déplacements. Pour gagner la confiance d'un lecteur qui pourrait mettre en doute la vérité de ses propos, ce voyageur intervient souvent au cours du récit pour l'assurer de sa sincérité.

1 **a.** Rappelez les circonstances d'écriture du *Livre des Merveilles*. Aidez-vous de l'introduction p. 86-87.
b. Par quel pronom l'énonciateur se désigne-t-il ?

2 Relevez les indications de distance (l. 25 à 32). En quoi montrent-elles que c'est un voyageur qui s'exprime ?

3 Relevez toutes les expressions par lesquelles le narrateur s'adresse à son lecteur. Quelle est leur visée ?

Les lieux parcourus

4 **a.** En vous aidant de la carte page 88, identifiez le fleuve évoqué lignes 27 à 35.
b. Comment appelle-t-on aujourd'hui « la mer d'Inde » (l. 31) ?
c. À quel pays appartiennent aujourd'hui Mossoul et Bagdad ? Quelle autre ville du même pays est citée dans le texte ?

Les formes de discours

Le récit de voyage est un genre complexe qui mêle plusieurs formes de discours : l'énonciateur y fait des descriptions (discours descriptif), fournit des informations (discours informatif), raconte des anecdotes ou des événements (discours narratif), propose des explications (discours explicatif), émet et justifie un point de vue (discours argumentatif).

Les informations fournies

5 **a.** Quels sont les différents habitants des régions évoquées ? Quel critère permet de les différencier ?
b. Quelles sont les principales activités des habitants ?

6 **a.** Quelles sont les différentes richesses naturelles et artisanales des régions évoquées dans les lignes 9 à 46 ?

b. Relevez les expressions qui montrent que les régions évoquées ont une activité commerciale intense.

7 **a.** Quelle ville est aussi une capitale intellectuelle ?

b. Quelles sont les différentes matières qui y sont enseignées ? Cherchez dans un dictionnaire en quoi elles consistent.

Les descriptions

Dans un récit de voyage, l'énonciateur cherche à donner par ses descriptions une image méliorative (valorisante) ou péjorative (dévalorisante) de ce qu'il a vu. Le Livre des Merveilles comporte de nombreux adjectifs au superlatif absolu (très…) ou relatif (le plus…).

8 Relevez les adjectifs au superlatif absolu ou relatif et dites quels mots ou quelles expressions ils caractérisent. Sont-ils valorisants ou dévalorisants ?

9 **a.** Quel adjectif est le plus souvent employé pour évoquer villes, fleuves et personnages dans les lignes 1 à 30 ?

b. « une grandissime cité » (l. 20) : quel est le suffixe de l'adjectif grandissime ? Quel est le sens de ce suffixe ?

c. Sur quelle caractéristique l'énonciateur insiste-t-il par l'emploi de ces termes ?

La visée

10 En quoi peut-on dire que *Le Livre des Merveilles* se présente comme un ouvrage documentaire ?

11 Quelle image l'énonciateur donne-t-il de Mossoul et de Bagdad ? Appuyez-vous sur l'ensemble de vos réponses.

Étudier la langue

Le suffixe -issime

12 À l'aide du suffixe -issime, formez quatre adjectifs à partir des adjectifs suivants : rare, illustre, grave et riche.

Grandes sont les merveilles de l'Orient, mais grands aussi les périls. Ainsi, au nord de la Chine, le désert qui borde le Lop Nor (le Lac Lop) réserve au voyageur de terrifiantes surprises...

Ci devise de la cité de Lop

Lop est une grande cité au début du désert, et c'est par elle qu'on entre dans le désert qui est appelé désert de Lop, et il est entre Levant[1] et Grec[2]. [...] Mais vous dis qu'en traversant ce désert, on y trouve une telle merveille que je vous conterai.

Les gens donnent pour chose manifeste que dans ledit désert habitent nombre d'esprits qui produisent aux voyageurs de grandes et surprenantes illusions pour les faire périr. Et il est vrai que lorsqu'on chevauche de nuit par ce désert, et qu'un des marchands ou autre reste en arrière, et se trouve séparé de ses compagnons pour dormir ou pour autre cause, si la compagnie en marchant disparaît derrière une colline ou montagne, quand il veut aller rejoindre ses compagnons, lors souvent arrive qu'il ouïsse en l'air esprits malins parler en manière que[3] semblent être ses compagnons ; car souventes fois[4] l'appellent par son nom, et souventes fois, lui faisant croire qu'ils sont de ses compagnons, il suit ces voix et sort de la bonne route ; de la sorte, ne rejoint jamais ses compagnons, et jamais plus on ne le retrouve, et n'ouït de ses nouvelles, car point ne sait comment retourner ; et se trouvant sans manger ni boire, aux temps passés sont morts maints voyageurs, et perdus. Et vous dis encore que la chose advient non seulement la nuit, mais aussi de jour ; des hommes oient ces voix d'esprits, et vous semble maintes fois que vous oyez résonner dans l'air maints instruments de musique et notamment des tambours, et le choc des armes.

1. L'est (voir la rose des vents, p. 88).
2. Le nord-est (voir la rose des vents, p. 88).
3. De telle façon que.
4. Souvent.

Adonc ceux qui veulent suivre ce chemin et passer ce désert doivent prendre très grand soin d'eux pour n'être point séparés de leurs amis pour quelque raison, et doivent aller avec grandes précautions, pendre des clochettes au cou de leurs chevaux et animaux pour les ouïr continûment, de façon à ne pas s'endormir et à ne pas divaguer. [...]

Ce sont choses merveilleuses à ouïr, et difficiles à croire, ce que font ces esprits. Et pourtant, c'est comme vous ai dit, et encore bien plus surprenant. Aussi les gens sont accoutumés à marcher bien serrés en groupe, et avant de se coucher, ils font une marque de la direction qu'ils doivent reprendre. Voilà la manière dont se passe ce désert, avec autant de périls, de trouble et de crainte que vous avez ouïs[5].

Extraits du chapitre LVII.

Manuscrit français 2810, Commerce de grains et d'étoffes, BNF, Paris.

5. Ces mirages acoustiques sont des phénomènes naturels qui ont été expliqués depuis.

Repérer et analyser

La situation d'énonciation

1 Relevez les adresses au destinataire et classez-les selon :
- qu'elles cherchent à soutenir l'intérêt du lecteur ;
- qu'elles reconnaissent le caractère incroyable des faits rapportés et qu'elles cherchent à convaincre le lecteur de la vérité de ces faits.

Le discours narratif

2 « On y trouve une telle merveille que je vous conterai » (l. 50) : quel est le sens du mot « merveille » ici ? De quel phénomène Marco fait-il le récit ? Pour répondre :

a. Dites quel est le sens du mot « illusions » (l. 53). Quelles sont les différentes « illusions » évoquées ?

b. Dites quels dangers elles entraînent et par quelles précautions on peut y échapper.

3 **a.** Qu'ont de particulièrement angoissants ces phénomènes ?

b. Selon l'énonciateur, quelle est la cause de ces phénomènes ?

La visée

4 Quels sentiments le narrateur cherche-t-il à faire naître ?

Étudier la langue

Le lexique

5 Qu'est-ce qu'un épicier aujourd'hui ? Quelle est l'origine de ce mot ?

6 Que signifie le mot « maints » (l. 66) ?

La conjugaison

7 **a.** Quel est le sens du verbe ouïr ?

b. Relevez toutes les formes de ce verbe présentes dans les lignes 53 à 84 puis identifiez-les et complétez les conjugaisons.

L'élision

L'élision consiste à sous-entendre un mot dans une phrase (un article par exemple, ou un pronom).

8 **a.** Quel pronom personnel est élidé dans les titres des chapitres ?
b. Retrouvez quelques exemples d'élision dans le texte.
c. « car point ne sait comment retourner » : quel pronom est élidé ?
d. Récrivez cette expression en rétablissant l'ordre habituel des mots.

Écrire

Rédiger un récit

9 Vous avez assisté à d'étranges phénomènes qui vous ont d'abord paru surnaturels. Racontez en donnant à votre histoire une explication rationnelle (explicable par la raison).

Se documenter

La route de la soie

Depuis le XIXe siècle, on désigne par le nom de « route de la soie » l'ensemble des itinéraires qui ont relié l'Extrême Orient à l'Occident, de l'Antiquité jusqu'au Moyen Âge. Reliant les tronçons de chemins très anciens, la route de la soie devient au XIIIe siècle un réseau de communication continue, de la Méditerranée au Pacifique. À côté d'une voie maritime existent plusieurs routes de caravanes par lesquelles transitent non seulement les soieries, mais aussi la porcelaine ou le papier de Chine, ainsi que les marchandises précieuses de toute l'Asie : or, nacre, perles, pierreries, ivoire, épices, encens, parfums comme le musc, plantes médicinales (opium, camphre), bois rares comme le santal ou l'ébène, et même des animaux, chevaux et bêtes exotiques. Des marchands de toutes les nationalités se côtoient sur ces routes qui favorisent ainsi le brassage des idées, des cultures, des techniques et des religions. Cette intense activité fait la prospérité des grands centres commerciaux et intellectuels que sont Samarcande, Tachkent, Boukhara ou Bagdad. Entre ces brillantes cités, des avant-postes et des garnisons comme la très ancienne passe du Yumen ou « Porte de Jade » surveillent et protègent la route de la soie. Elle n'en reste pas moins un itinéraire périlleux où le voyageur impré-

voyant peut mourir de faim, de soif ou de froid : elle traverse des étendues désertiques aux frontières du terrible Taklamakan « le désert dont on ne sort jamais » ou de l'immense Gobi ; elle s'aventure sur les austères plateaux du « Toit du monde », le Pamir et les contreforts himalayens, que franchit Marco Polo à 4800 mètres d'altitude :
« Au sommet de ces monts, c'est le plus haut lieu du monde… Là ne sont aucuns oiseaux, à raison de la hauteur et du froid intense et pour ce qu'ils ne pourraient rien trouver à manger. À cause du grand froid, le feu n'est pas aussi clair et brûlant, ni de la même couleur que dans les autres lieux et les viandes ne peuvent pas bien cuire. »
Au XIVe siècle, épidémies et révoltes, en faisant exploser l'Empire mongol, marquent la fin de l'épopée aventureuse de la route de la soie et mettent un terme aux échanges étroits qui avaient su rapprocher par-delà leurs différences les civilisations de l'Est et de l'Ouest.

Les noms de tissus

Si, à l'époque de Marco Polo, le boquerant, coton très fin et précieux, évoque la ville de Boukhara (en Ouzbékistan), aujourd'hui encore en français, le nom de nombreux tissus rappelle leur origine orientale : les tissus chinés ainsi que différents types de soieries comme le pékin et le shantung évoquent la Chine, tandis que le tussor est la transcription de l'hindoustani *tasar*. Les damas ont reçu le nom de la ville qui les produisait, Damas, en Syrie, de même que la mousseline évoque Mossoul et le satin Tsia-Toung. Enfin, certains mots dont le sens a changé désignaient autrefois des étoffes orientales : les baldaquins, au Moyen Âge, étaient de somptueux brocards de soie fabriqués à Baldac, c'est-à-dire Bagdad ; le cramoisi, alors étoffe de couleur éclatante, était issu de l'arabe *kirmiz* (cochenille en français), nom de l'insecte qui servait à teindre les tissus en rouge.

Extrait 3

Les Tartares

Marco Polo décrit le peuple maître de cet immense Empire, les Mongols, qu'on désigne au Moyen Âge par le nom de Tartares : on confond ainsi ce peuple avec celui des Tatars qu'il avait pourtant jadis vaincu. La confusion vient sans doute de l'effroi provoqué par les grandes invasions mongoles qui, en avançant en 1241-1242 jusqu'à l'Adriatique, avaient terrifié les Européens et leur avaient donné l'impression d'un peuple à la puissance diabolique, sorti tout droit du Tartare…

Les Tartares communément nourrissent des troupeaux de vaches, cavales et brebis, à raison de quoi jamais ne demeurent en même lieu, mais se retirent l'hiver ès[1] plaines et lieux chauds où ils trouvent riches herbages et bons pâturages pour leurs bêtes ; et en été s'en vont vivre ès[1] froids lieux, en montagnes et vallées, là où ils trouvent eau, bois et bons pâturages pour leurs bêtes ; et parce que le lieu est froid, il n'y a ni mouches, ni moucherons, ni semblables créatures, qui les harcèleraient, eux et leurs bêtes ; et ils vont ainsi deux ou trois mois, montant toujours plus haut et paissant[2], car en restant toujours sur place, ils n'auraient jamais assez d'herbes pour la multitude de leurs bêtes. Ils ont petites maisons en forme de tente, en longues perches couvertes de feutre, et elles sont rondes ; et toujours ils les emportent avec eux là où ils vont, sur des chariots à quatre roues. […] Ainsi vont où ils veulent, emmenant ce qu'il leur faut.

Et vous dis encore que les dames tartares achètent, vendent, et font tout ce dont a besoin leur baron[3] et sa famille. Point ne sont par leur dépense à charge à leurs maris, car elles ont

1. Dans les. | 2. Faisant paître leurs bêtes. | 3. Leur seigneur.

gros profits de leur ouvrage. Elles sont aussi très prévoyantes en régentant leur famille et très soigneuses en préparant le manger, et font tous leurs autres devoirs de la maison avec grande diligence[4]. Aussi les maris leur laissent tout le soin de leur maison. Car les hommes ne se soucient de rien fors[5] de chasse, de faits de guerre, de fauconnerie et d'autours[6], tout comme nos seigneurs, et y prennent grand plaisir. Ils ont les meilleurs faucons du monde, et de même les chiens. Ils vivent de chair, de lait et de venaison[7], et mangent aussi certains petits animaux semblables à des lapins, qui chez nous sont nommés rats du Pharaon[8], et qui sont en grande abondance partout en des pertuis[9] sous terre. Ils mangent même la chair des chevaux, des chiens, des cavales et des chameaux. Et boivent le lait des chamelles et des juments, et en général mangent de toute chair. [...]

Sachez qu'ils boivent le lait de jument, mais vous dis qu'ils savent aussi le préparer en telle manière qu'il semble vin blanc, et est très bon à boire, et ils l'appellent en leur langue *chemis*[10]. Leurs vêtements sont tels : les hommes riches et nobles se vêtent de drap d'or et de drap de soie et sous le manteau, de fourrures de zibeline et d'hermine, de vair et de renard, et de toutes sortes de pelleteries très richement ; et toutes leurs parures et robes bordées de fourrure sont très belles et de grosse valeur.

Leurs armes sont des arcs et flèches, épées et masses ferrées, et quelques lances et haches, mais ils se servent de l'arc plus que de toute autre chose, car ils sont extrêmement bons archers, les meilleurs du monde, et dépendent fort de leurs flèches depuis tout enfant. Sur leur corps portent une armure en cuir de buffle ou d'autre animal très épaisse, et c'est du cuir bouilli très dur et résistant.

4. Grand empressement.
5. Sauf de.
6. Oiseaux de proie utilisés pour la chasse.
7. Gibier.
8. Les marmottes.
9. Terriers.

Ils sont bons hommes d'armes et fort preux, et font peu de cas de leur vie qu'ils exposent à tout risque sans aucun égard, et ils sont très cruels. [...]

Ils sont très obéissants à leur seigneur ; vous dis que s'il le faut, ils demeurent deux jours et deux nuits à cheval sans descendre ; l'homme demeure toute la nuit sur le cheval, avec ses armes, il dort sur le cheval, et le cheval ira ce pendant paissant l'herbe qu'il trouve. Ce sont les gens au monde qui plus durement travaillent et supportent fatigue, font la plus faible dépense et se contentent d'un petit manger ; et voilà pourquoi mieux sont que d'autres pour conquérir cités, terres et royaumes. [...]

Et vous dis une autre chose : quelque fois, quand il faut et que la presse[11] d'une entreprise oblige à un long chemin en hâte, ils chevauchent bien dix journées sans nulle viande cuite et sans faire de feu, car la cuisson des aliments retarderait leur chevauchée ; ils se passent de fruits, et souvent, par besoin de vin ou d'eau, vivent du sang de leurs chevaux ; chacun pique une veine de son cheval, y colle sa bouche et boit du sang, jusqu'à en être rassasié ; et alors il l'arrête.

[...] Telle est la vérité, et tout ce que je vous ai conté là sont usages et coutumes des vrais Tartares.

Extraits des chapitres LXIX et LXX.

10. Le koumis, lait fermenté de jument ou de chamelle, est encore aujourd'hui la boisson traditionnelle de l'Asie centrale.
11. L'urgence.

Questions

Repérer et analyser

Les informations fournies : les différentes coutumes

L'auteur d'un récit de voyage se comporte souvent comme un ethnologue, c'est-à-dire une personne qui étudie les différentes sociétés humaines. Il fournit des informations sur les modes de vie, la culture, l'organisation économique et sociale d'un groupe humain. Le temps utilisé est le présent d'habitude. L'article défini a une valeur généralisante.

Le mode de vie

1 Montrez, à partir d'exemples précis (temps, déterminants) que l'énonciateur fournit des informations générales sur un groupe humain.

2 **a.** Relevez dans le premier paragraphe toutes les expressions qui montrent que les Tartares sont un peuple de nomades.
b. Quelle est la particularité de leurs maisons ?

3 **a.** Quelle est leur principale ressource ? Quels sont leurs animaux ?
b. De quoi se nourrissent-ils (l. 27 à 37) ?

4 Quelles matières les Tartares utilisent-ils pour leurs vêtements ?

L'organisation sociale

5 **a.** Quelles sont les activités des femmes ? Citez le texte.
b. Ont-elles un rôle important dans la société mongole ? Pourquoi ?

6 Quelles sont les deux préoccupations des hommes ? Relevez dans un tableau le vocabulaire qui renvoie à l'une et à l'autre (l. 24 à 49).

L'art de la guerre

7 Quelles qualités font des Tartares de redoutables guerriers ? Citez le texte (l. 43 à 69).

8 Quel animal a une place essentielle dans la vie des Tartares ?

Le regard de l'énonciateur

L'auteur d'un récit de voyage porte sur les civilisations étrangères le regard d'un homme qui a ses propres références culturelles.
Il utilise des comparaisons qui font référence au monde connu du lecteur afin que ce dernier se représente au mieux la réalité décrite.

9 Relevez, dans les lignes 24 à 26, une comparaison qui montre que l'énonciateur se met à la portée de ses lecteurs européens.

Extraits 4 et 5

Au palais du grand Khan

À l'époque de Marco Polo, les petits fils de Gengis Khan s'étaient partagé l'Asie et s'étaient souvent sédentarisés : leurs souverains (khans) reconnaissaient tous un chef suprême, le Grand Khan (ou Can) de Chine, Kubilaï Khan (Cublai Kaan). Celui-ci avait abandonné la première capitale des Mongols, Karakorum, (en mongol « Cercle des tentes noires »), et était établi au Cataï, c'est-à-dire en Chine du Nord, dans son palais de Khanbalik (« ville du Khan »), l'actuelle Pékin.

Ci devise de l'aspect du grand Can

Le grand seigneur des seigneurs qui est appelé Cublai Kaan est tel : il est de belle taille, ni petit, ni grand, mais de taille moyenne. Sa charnure[1] est bien répartie, ni trop grasse, ni trop maigre ; il est très bien constitué de tous ses membres. Il a son visage blanc et vermeil comme rose, ce qui lui donne un aspect très plaisant ; les yeux noirs et beaux, le nez bien fait et bien séant.

Il a quatre femmes qu'il tient toujours pour ses véritables épouses, et le fils aîné qu'il en a doit être de plein droit Seigneur de tout l'empire quand le Grand Can son père mourra. Elles sont appelées « Impératrice », mais aussi chacune par son nom. Et chacune de ces quatre dames tient une très belle cour royale dans son propre palais ; aucune d'elles n'a moins de trois cents demoiselles choisies pour leur gentillesse et leur beauté. Elles ont de nombreux valets eunuques et maints hommes et femmes, si bien que chacune de ces dames a dans sa cour au moins dix mille personnes. [...]

1. Sa chair.

Il a aussi maintes amies, et vous dirai de quelle manière. […] Les messagers font venir devant eux toutes les demoiselles de la province. Et il y a des juges députés pour cela, qui, voyant et considérant séparément toutes les parties du corps de chacune, cheveux, visage, sourcils, bouche, lèvres et membres, pour qu'ils soient harmonieux et proportionnés au corps, évaluent les belles à 16 carats, d'autres à 17, ou 18, 20, et plus ou moins selon qu'elles sont plus ou moins belles. Si le Grand Can les a chargés d'amener celles qui valent vingt carats ou vingt et un, ils les lui conduisent selon le chiffre fixé. Et quand elles sont arrivées en sa présence, il les fait de nouveau apprécier par d'autres juges, et dans l'ensemble il choisit pour sa chambre les trente ou quarante qui ont obtenu le plus de carats. Ensuite, les fait garder par les vieilles dames du palais, une par épouse de baron, lesquelles prennent beaucoup de soins pour les surveiller ; et les fait coucher avec elles en un lit pour savoir si elle a bonne haleine, et est propre, et dort quiètement[2] sans ronfler […]

Extraits du chapitre LXXXII.

Ci devise du palais du grand Can

Sachez très véritablement que dans la maîtresse ville du Catai, qui est appelée Cambaluc, le Grand Can demeure trois mois de l'année, décembre, janvier et février. En cette ville il a, près de la partie nouvelle, du côté du Midi, son grand palais et vais vous le décrire. […]

C'est le plus vaste et plus merveilleux qui fut jamais vu. Au Midi et à la Tramontane[3], il se joint à la muraille, et il y a une surface libre où les barons et les soldats vont et viennent. Il n'a point d'étage, mais le carrelage est à peu près à dix pieds au-dessus du sol ; le toit est extrêmement élevé ; tout autour est un mur de marbre qui soutient une terrasse au niveau du

2. Tranquillement.

3. Au nord (voir la rose des vents, p. 88)

carrelage ; il est large de deux pas, et le palais est disposé de telle sorte que cette terrasse, autour, fait comme une promenade où l'on peut aller et venir, et où les hommes peuvent voir de l'extérieur. Et sur les bords est une très belle balustrade à colonnes sur laquelle on peut s'appuyer.

Les murs des salles des chambres sont tout couverts, à l'intérieur, d'argent et d'or et sont représentés en ciselure très fine des lions et des dragons, des bêtes et des oiseaux, de jolies histoires de dames et de chevaliers et bien d'autres sortes de belles choses et d'histoires de guerre. Le toit, lui aussi, est fait de telle sorte qu'on n'y voit rien qu'argent et or et que peintures. Sur chaque face du palais est un grand escalier de marbre, qui va du sol au haut de ce mur de marbre qui entoure le palais, et c'est par ces marches qu'on y monte.

La grand'salle est si large et si vaste que plus de six mille hommes y pourraient bien en même temps manger ; il y a quatre cents chambres, et c'est un tel nombre qu'on s'émerveille de voir. Ce palais est si grand, si beau, si riche et si bien disposé qu'il ne doit point y avoir du monde un homme capable de mieux imaginer ou faire. Les toits, en haut, vus du dehors, sont tout vermeil[4], vert, azur, bleu paon et jaune, enfin, de toutes les couleurs, et si bien vernissés qu'ils resplendissent comme cristal et qu'on les voit luire de bien loin à la ronde. Et sachez que ce toit est si fort et si solidement assemblé qu'il durera maintes années.

Derrière le palais sont de grandes maisons, chambres et salles où sont les affaires personnelles du Seigneur, tout son trésor, son or, son argent, ses pierreries, ses perles et sa vaisselle d'or et d'argent. Là demeurent ses dames et amies et a ses affaires bien arrangées et à sa guise ; et en ce lieu n'entrent point d'autres gens.

Extraits du chapitre LXXXIV.

4. Rouge vif.

Questions

Repérer et analyser

La situation d'énonciation

1 Rappelez la situation d'énonciation propre au *Livre des Merveilles* (voir l'introduction, p. 86).

2 Relevez les adresses au destinataire. Quelle est leur visée ?

Le discours descriptif

Le portrait du Grand Khan

3 **a.** Délimitez les lignes qui présentent le portrait physique du Grand Khan.

b. Relevez les mots et expressions qui le caractérisent. Le portrait est-il mélioratif ou péjoratif ?

Le palais du Grand Khan

4 Dans quelle ville le palais du grand Khan se trouve-t-il ?

5 Quels sont les différents éléments du palais qui sont évoqués ?

6 **a.** Relevez, dans le tableau ci-dessous, les mots et expressions qui caractérisent le palais.

La grandeur	Les matériaux utilisés	Les couleurs

b. En quoi peut-on dire que les lieux sont vraiment bien disposés ?

c. Relisez les lignes 60 à 70. Relevez la phrase qui résume les quatre qualités principales du palais.

7 L'énumération

> L'énumération est une figure de style qui consiste à énumérer une série de termes de même nature grammaticale.

Relevez trois énumérations qui concourent à décrire le palais (décor, couleurs des toits, richesses du Grand Khan).

Les informations fournies

Une institution : le mariage

8 **a.** Combien le grand Khan a-t-il d'épouses ? Quel titre chacune d'elles porte-t-elle ? Quels détails montrent qu'elles sont de haut rang ?

b. De quelle pratique concernant le mariage cet extrait témoigne-t-il ?

9 Qui succédera au Grand Khan ?

10 **a.** Qu'est-ce qu'un harem ?

b. Sur quels critères les femmes du harem sont-elles choisies ?

c. Relevez les termes qui montrent que les jeunes filles passent un véritable « concours de beauté ». Quelles en sont les différentes étapes (l. 18 à 30) ?

d. De quels détails s'assure-t-on pour finir ? Qui s'en charge ?

Écrire

Rédiger une description méliorative

11 Le pouvoir vous est donné d'organiser une fête d'un luxe et d'un raffinement inouïs… Décrivez les éléments qui constituent le décor. Insistez sur les détails qui témoignent de ce luxe et de ce raffinement.

Se documenter

Cipango

Dans son livre, Marco évoque un autre merveilleux palais, celui du seigneur de Cipango, c'est-à-dire du Japon (en chinois, Je-pen Kouo signifie « le pays du soleil levant ») :

« Il a un grandissime palais tout couvert d'or fin […] ce qui vaut tant qu'à peine se pourrait compter, et qu'il n'est personne dans le monde qui le pourrait racheter. Et encore vous dis que tout le pavage des chambres, dont il y a bon nombre, est lui aussi d'or fin épais de bien plus de deux doigts. Et toutes les autres parties du palais et les salles, et les fenêtres, sont aussi ornées d'or. Ce palais est d'une richesse si démesurée, que serait trop grandissime merveille si quelqu'un pouvait en dire la valeur. »

Cette description frappera particulièrement l'imagination de Christophe Colomb, au XVe siècle. C'est en s'efforçant d'atteindre Cipango par l'ouest qu'il découvrira l'Amérique en 1492.

Extrait 6

Une invention chinoise

Marco est émerveillé par l'organisation économique d'un empire à l'étonnante modernité…

Comment le grand Can fait dépenser papier pour argent

Or sachez qu'il fait faire une telle monnaie comme je vous dirai ; à des hommes fait prendre l'écorce d'arbres que nous nommons mûriers et qu'ils appellent gelsus, ceux dont les vers qui font la soie mangent les feuilles, et qui sont en si grand nombre que toutes les campagnes en sont pleines. Ils prennent la peau mince qui est entre l'épaisse écorce extérieure et le bois, et qui est blanche ; de cette peau mince, il leur fait faire des feuilles semblables à celles du papier coton, et elles sont toutes noires. Et lorsqu'elles sont faites, il les leur fait couper de telle manière : la plus petite vaut chez eux environ une moitié de petit tornesel[1], et la suivante, un peu plus grande, un tornesel[1] ; la suivante, encore un peu plus grande, un demi-gros[1] d'argent de Venise ; la suivante, un gros[1] d'argent, et l'on va ainsi jusqu'à dix besants[1] d'or. Toutes ces feuilles reçoivent le sceau du Grand Sire, faute de quoi elles ne vaudraient rien. Elles sont fabriquées avec autant de garanties et de formalités que si c'était or pur ou argent, car maints officiers nommés pour cela écrivent leur nom sur chaque billet, y apportant chacun sa marque, et quand tout est bien fait comme il faut, leur chef, commis par le Seigneur, empreint de cinabre[2] le sceau qui lui est confié et l'appuie sur le billet ; et la forme du sceau humecté de cinabre en demeure imprimée : alors cette monnaie

1. Noms de différentes monnaies vénitiennes.
2. Sulfure de mercure qui donne une fine poudre rouge, le vermillon.

est valable. Et si quelqu'un s'avisait de la contrefaire, il serait puni de la peine capitale jusqu'à la troisième génération. Différentes marques sont imprimées selon la destination du billet. Et en a fait faire si grande quantité, qu'il payerait avec tous les trésors du monde, et ça ne lui coûte rien.

Et quand ces feuilles sont faites, en la manière que je vous ai contée, il fait faire tous ses paiements et les fait distribuer en toutes les provinces et royaumes et pays dont il est le maître ; et nul n'ose les refuser, car il lui en coûterait la vie. Et personne des autres royaumes ne peut donner d'autre monnaie dans les territoires du Grand Can. Et vous dirai d'ailleurs que tous les gens des groupes d'hommes qui vivent sous ses lois prennent volontiers ces feuilles en paiement, car partout où ils vont, ils en font tous leurs paiements pour les denrées et pour les perles, les pierres précieuses, l'or et l'argent, et pour toutes les autres choses qu'ils emportent, achètent ou vendent, quelle que soit leur valeur, comme si vraiment elles étaient d'or ou d'argent. Et vous dirai même plus : elles sont si légères que la feuille qui vaut dix besants, elle n'en pèse même pas un…

Extrait du chapitre XCVII.

Manuscrit français 2810, BNF, Paris.

Questions

Repérer et analyser

La situation d'énonciation

1 À quel moment l'énonciateur montre-t-il sa connaissance de la langue mongole ?

Les informations fournies

2 **a.** Quel arbre est utilisé pour la fabrication du papier-monnaie ? De quelle partie se sert-on ?
b. Pour quelle autre utilisation cet arbre est-il plus célèbre (l. 1 à 9) ?

3 **a.** Quelles sont les étapes de l'élaboration du papier-monnaie ?
b. Qu'est-ce qu'un sceau ? À quelle condition les feuilles de mûrier prennent-elles valeur de papier-monnaie ? Citez précisément le texte.

4 Quelle est la punition prévue pour les faux-monnayeurs ?

5 **a.** Quels sont les avantages d'une telle invention ?
b. En quoi l'invention du papier-monnaie explique-t-elle en partie la richesse du Grand Khan ?

La visée

6 En quoi le voyageur qu'était Marco Polo a-t-il pu apprécier particulièrement cette invention ?

Se documenter

Des matières inconnues

Marco Polo observe aussi avec grand intérêt l'utilisation de deux étranges combustibles, inconnus en Europe. De quoi s'agit-il ?

• « [En Arménie] sur cette frontière devers les Géorgiens, il y a une fontaine d'où sourd une liqueur telle qu'huile, en grande abondance ; point n'est bonne à manger, mais est bonne à brûler [...] et toute la contrée ne brûle autre huile que celle-là. »

• « Par toute la province du Catai, il y a une manière de pierres noires qui s'extraient des montagnes et qui brûlent en faisant des flammes comme bûches. Elles tiennent le feu et produisent la cuisson mieux que ne fait le bois. »

Extraits 7 et 8

Deux coutumes d'Asie

Au fil des pays qu'il traverse, Marco Polo évoque les différents rites religieux et coutumes qu'il découvre…

Ci devise de la province de Tangut[1]

Et sachez aussi que tous les Idolâtres du monde, quand ils viennent à mourir, les autres font brûler leur corps, d'homme comme de femme. Et encore vous dis qu'ils procèdent comme ceci : quand ces Idolâtres sont morts et portés de leur maison vers le lieu où ils doivent être brûlés, en certains endroits du parcours, les parents du défunt ont fait une petite maison de roseau ou de brindille avec un porche, couverte de la plus riche soie et de drap d'or selon leurs moyens. Et quand le mort est porté devant cette maison ainsi ornée, ils s'arrêtent ; les hommes de la famille, posant le corps à terre au pied de l'édifice, déposent sur le sol, devant le mort, du vin, des viandes et de la chair en suffisance, pensant que l'esprit du mort s'en trouve quelque peu conforté et en tire quelque force pour assister au brûlement de son corps. Et ils le font aussi parce qu'ils disent que pour tels honneurs, il sera reçu dans l'autre monde. Ainsi font-ils devant chaque maisonnette placée sur le trajet, jusques à avoir atteint la place où doit être brûlé le corps. Et quand il y est arrivé, ses parents font découper des images peintes dans des feuilles de papier en écorce d'arbre, des images de chevaux, de chameaux, de moutons et d'autres animaux, et du papier à usage de monnaie, grands comme besants[2]. Ils ont aussi des cendaux[3] de diverses couleurs, des

1. Région du Nord de la Chine, près de Liop Nor (voir p. 88 et p. 93).
2. Voir note 1, p. 107.
3. Pluriel de « cendal », désignant un tissu de soie.

vêtements, des objets d'argent, et d'autres choses en grand nombre ; toutes ces choses les jettent dans le feu et font brûler avec le corps, disant que dans l'autre monde, le mort aura autant d'esclaves, de servantes, de chevaux et de deniers, et de bêtes de somme et de moutons, qu'ils ont brûlé d'images pour l'amour de lui en cet endroit. Et encore vous dis que quand le corps est porté pour être brûlé, tous les instruments de musique vont sonnant par devant, car ils disent qu'avec tels honneurs, il est sûr d'être reçu dans l'autre monde. Et tout cela est fait selon la noblesse de la personne et de ce que demandent ses moyens.

Extraits du chapitre LVIII.

Ci devise de la province de Dagroian[4]

[…] Les gens sont très sauvages […] et vous conterai avant tout une très mauvaise coutume comme je vous dirai.

Car sachez très véritablement que, quand l'un d'eux, mâle ou femelle, tombe fort malade, ils mandent ses parents ; les parents, à leur tour, mandent les prophètes ou magiciens, et leur font chercher si le malade doit guérir, ou s'il doit mourir d'une telle maladie. Ces magiciens disent en effet qu'ils apprennent et savent par leurs enchantements, par leur art diabolique et par leurs idoles, s'il doit guérir ou mourir. Mais ne croyez pas que, parce qu'on a dit art diabolique, ils reconnaissent ouvertement qu'il en est ainsi. Car ils disent que c'est par la vertu des dieux, avec l'assistance de leur art. Et s'ils disent que le malade doit guérir, ils le laissent jusqu'à ce qu'ils disent qu'il devrait être guéri, et on le soigne. Et s'ils disent qu'il n'y a nul remède et qu'il doit en tout cas mourir, alors, les parents du malade mandent des hommes qui sont spécialement

4. Région montagneuse du nord de Sumatra ; les coutumes décrites sont celles du peuple Batak.

appointés[5] pour mettre les gens à mort, à savoir ces malades condamnés par les magiciens ; et ils leur disent : « Ce malade est condamné à mourir : faites ce qui doit être fait. »

Et certains de ces hommes, qui savent comment expédier les malades très facilement et gentiment, viennent et prennent ce malade qui doit mourir bientôt, et lui mettent quelque chose dans la bouche, qui le fait suffoquer immédiatement. Quand il est mort, ils le font cuire ; tous les parents du mort s'assemblent, font une fête joyeuse et le mangent complètement. Et vous dis qu'ils mangent et sucent aussi toute la moelle qui est dans les os, ne laissant ni liqueur ni graisse. Et ce font-ils[6] parce qu'ils ne veulent point qu'il en demeure aucune substance capable de se gâter, car ils disent que s'il devait rester quelque substance dans les os, cette substance ferait des vers, lesquels mourraient faute de manger ; de la mort de ces vers, disent-ils, l'âme subirait de lourds châtiments et de grands dommages, et ce serait péché que périssent tant d'âmes issues de sa substance. Voilà pourquoi ils le mangent tout. Et une fois qu'ils l'ont tout mangé, ils prennent les os et les mettent dans une belle petite arche de bois, qu'ils emportent et pendent au rocher en grandes cavernes des montagnes, en tel lieu que ni homme, ni bête, ni aucune autre mauvaise chose, ne le puisse toucher.

Et encore vous dis : s'ils peuvent prendre d'autres hommes, qui ne sont point du pays, et ne se peuvent racheter, ils les occient[7] et les mangent tout de suite. Ce sont là très mauvaises manières et vilain usage.

Extrait du chapitre CLXIX.

5. Formés. | **6.** Et ils font cela. | **7.** Ils les tuent.

Questions

Repérer et analyser

Les informations fournies

Les rites funèbres

1 Quelles informations l'énonciateur fournit-il sur les rites funèbres en Chine ? Pour répondre :

a. Dites ce qu'il advient du corps du défunt. Comment appelle-t-on ce rite funèbre ?

b. Replacez chronologiquement les autres étapes des funérailles : – on fait des offrandes ; – on brûle des images de papier ; – on emporte le corps hors de la maison ; – on porte le corps en musique.

Le cannibalisme

Le cannibalisme est la pratique qui consiste à manger un être de sa propre espèce.

2 **a.** Situez sur la carte p. 88 le royaume de Dagroian.

b. Qui sont les victimes du cannibalisme ?

c. Relevez la phrase qui présente l'acte de cannibalisme.

Le discours explicatif

3 **a.** En quoi les offrandes consistent-elles ? Quelles images et quels objets brûle-t-on dans le premier extrait ?

b. Pour quelles raisons fait-on cela ?

4 **a.** Relevez les termes qui évoquent des pratiques surnaturelles (l. 36 à 42) dans le second extrait.

b. Pourquoi a-t-on recours aux prophètes ?

c. Le cannibalisme évoqué par l'énonciateur est-il un rituel religieux ou un acte barbare ? Justifiez votre réponse.

d. Quelles sont les raisons qui expliquent une telle pratique ?

Le regard de l'énonciateur et la visée

5 **a.** Relevez les différents commentaires de l'énonciateur et les adresses au destinataire.

b. Quel jugement l'énonciateur émet-il sur le cannibalisme ?

c. Quelles pratiques dénonce-t-il également ?

6 En quoi Marco Polo se comporte-t-il en ethnologue ?

Extrait 9

Sagamoni Burcan, le Bouddha

Marco Polo s'intéresse aussi à la religion du Grand Khan, le bouddhisme, qui s'est propagé d'Inde en Chine et a de nombreux adeptes. Il raconte ici l'histoire du Bouddha, appelé en mongol Sagamoni Burcan.

Et vous dis qu'il était si délicat damoiseau[1] qu'il n'était jamais sorti du palais de son père en son enfance, et n'avait jamais vu homme mort, ni nul autre qui ne fût point sain de ses membres, car le père ne laissait aller devant lui nul homme vieux ou décrépit. Or advint que ce damoiseau, ayant obtenu de son père la permission de sortir en très noble compagnie, chevauchait un jour par la ville, quand il vit un homme mort qu'on menait à sépulturer[2] et que beaucoup de gens suivaient. Il en devint tout ébahi, comme celui qui jamais n'en a vu aucun. Il demande aussitôt à sa suite quelle chose c'était, et ils lui dirent en réponse que c'était un homme mort.

– Eh quoi, dit le fils du roi, tous les hommes meurent-ils donc ?

– Oui, vraiment, font ceux-ci.

Adonc le damoiseau ne dit rien et chevauche plein de pensées. Et il n'avait pas chevauché bien loin qu'il trouve un très vieil homme courbé par l'âge, qui ne pouvait marcher et n'avait dent en bouche, mais les avait toutes perdues par grande vieillesse. Et quand le fils du roi vit ce vieillard, il demande quelle chose c'était, pourquoi il était si courbé, pourquoi il ne pouvait aller, pourquoi il avait perdu ses dents. Et ceux qui

1. Jeune homme.
2. Enterrer.

étaient avec lui répondirent que par vieillesse il était courbé, par vieillesse il ne pouvait aller, par vieillesse il avait perdu ses dents. À quoi dit le jouvenceau :

– Et comment un jeune homme devient-il vieux et courbé comme cela ?

À quoi les serviteurs répondirent :

– Sire, tous ceux qui vivent longtemps en ce monde doivent devenir vieux comme cet homme, et puis mourir.

Et quand le fils du roi eut bien entendu du mort et du vieillard, il retourna en son palais et se dit à lui-même qu'il ne demeurerait point davantage en ce mauvais siècle imparfait, mais dit qu'il irait chercher celui qui ne meurt point et celui qui l'avait fait. Et il ne fit rien d'autre. Une nuit, il quitta secrètement le palais de son père. Il s'en alla en très grandes montagnes écartées et y demeura toute sa vie, très honnêtement et chastement, et faisant très grande abstinence. Car certes, s'il avait été baptisé chrétien, il aurait été un grand saint avec Notre-Seigneur Jésus-Christ.

Et quand ce fils du roi mourut, il fut rapporté au roi son père. Et quand il le vit mort, celui qu'il aimait plus que soi-même, point n'est besoin de demander s'il en eut grand'ire[3] et douleur. Il en eut très grand deuil, et fit faire une image toute à la semblance[4] de lui, toute d'or et de pierres précieuses. Quand il l'eut ainsi faite, il l'envoya par tous les peuples de son royaume et la fit honorer par tous ceux du pays et adorer comme Dieu. [...]

Ils adorent son image, et sachez que ce fut la première idole qu'eurent les Idolâtres, et c'est de lui, disent-ils, que descendent toutes les idoles de ces provinces. Et c'était en l'île de Seilan[5], en Inde.

Extraits du chapitre CLXXIX.

| **3.** Colère. | **4.** À sa ressemblance. | **5.** Ceylan (voir la carte, p. 88).

Questions

Repérer et analyser

La forme de discours dominante

1 **a.** Quelle est la forme de discours dominante dans cet extrait ?
b. Quelle est la valeur du présent utilisé ? Quelle est la valeur du passé simple ?
c. Relevez les expressions dans les lignes 5 à 37 qui marquent une rupture ou une étape dans la vie de Sagamoni Burcan.

Un personnage : Bouddha

2 **a.** Quelle est l'origine sociale de Sagamoni Burcan ? Quelles expressions le montrent ?
b. Quelles rencontres le jeune homme fait-il ? En quoi est-ce un choc pour lui ?
c. Quelle décision prend-il alors ? Dans quel but ?

3 Quelle vie le jeune homme mène-t-il à partir de là ? Que signifie le mot « abstinence » (l. 37) ?

4 Qu'est-ce qu'une idole ? Qui est le premier à honorer Sagamoni comme un dieu ? Pourquoi ?

La visée

5 Pourquoi Marco Polo le rapproche-t-il de Jésus Christ (l. 38-39) ? A-t-il une vision positive de Bouddha ? Quelles expressions le montrent au fil du texte ?

Se documenter

Bouddha

On donne le nom de Bouddha, « l'Éveillé » en sanskrit (ancienne langue de l'Inde), à un sage né au VIe siècle avant Jésus Christ, au nord de Bénarès. Ayant quitté sa noble famille pour devenir un ascète, il prêcha dans le bassin du Gange et fit de nombreux disciples. On lui attribue de très nombreux sermons, les « sûtra », dans lesquels il enseigne à se libérer de toute douleur par le renoncement aux désirs et aux vices.

En effet, il explique que les êtres vivants ne cessent de passer d'une existence à l'autre, humaine ou animale, connaissant de plus ou moins grandes souffrances selon qu'ils ont accompli de mauvaises ou de bonnes actions dans leur vie antérieure. Seuls les sages d'exception comme le Bouddha, qui parviennent de leur vivant à la parfaite sérénité (nirvãna), ne se réincarnent plus après leur mort : ils atteignent un état de béatitude éternelle, le *parinirvãna*.

6 En quoi la vie de Bouddha est-elle conforme à la sagesse qu'il prêche ?

La représentation de Bouddha

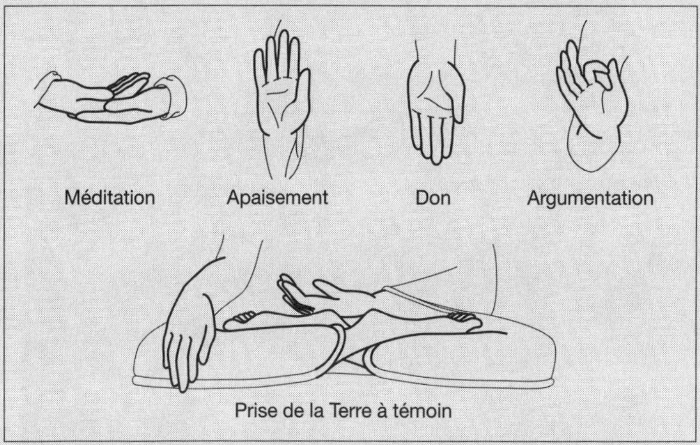

La représentation du Bouddha suit des règles très strictes qui permettent d'identifier facilement le personnage dans les peintures et les sculptures. Il est reconnaissable à un certain nombre de particularités physiques : le « teint d'or », la touffe de poils entre les sourcils, la coiffure en boucles, la protubérance du crâne, le dessin de la « Roue de la Loi » sur la paume des mains et la plante des pieds. Ses gestes et ses postures sont toujours symboliques : la position debout signifie la souveraineté suprême ; souvent assis, en tailleur et la plante des pieds tournée vers le haut, il exprime la concentration ; la position couchée représente le *parinirvãna*.

Étudier une image

7 Quelles particularités physiques permettent de reconnaître dans la statue ci-dessous une représentation du Bouddha ?

8 Que symbolisent la posture et le geste du personnage ?

***Bouddha, la victoire sur Mara,* stèle du xe siècle, musée des arts asiatiques-Guimet, Paris.**

Extrait 10

Des animaux merveilleux

Dans ces régions lointaines, la végétation et la faune ne cessent d'étonner. Parfois Marco mêle aux merveilleux animaux rencontrés les bêtes mythiques des légendes.

Mogedaxo[1] est une île[2] à environ mille milles de Scotra[3], en naviguant entre Midi et Garbin[4]. [...] Sachez qu'en tout l'autre monde ne se vendent ni ne s'achètent autant de dents d'éléphants comme se fait en cette île et en celle de Çanghibar, et le nombre est chose incroyable. [...]

Ils ont assez d'ambre, parce qu'en cette mer, y a baleines en grande abondance, et encore y a assez de cachalots ; et comme ils prennent assez de ces baleines et de ces cachalots, ils ont de l'ambre en grande quantité. Et vous savez que la baleine fait l'ambre. [...] Sachez très véritablement qu'en ces autres îles qui sont en si grande quantité vers le Midi, et où les nefs[5] ne vont jamais volontairement à cause du courant qui règne en ces régions, disent les hommes qui ont été là-bas, qu'on y trouve de très terribles oiseaux griffons, et disent que ces merveilleux oiseaux apparaissent, venant du Midi, à certaines saisons de l'an. Mais sachez qu'ils ne sont nullement faits comme nos gens d'ici le croient ou comme nous les faisons représenter, en disant qu'ils sont mi-oiseaux et mi-lions. Selon ce que content ceux qui les ont vus, ce n'est pas la vérité. [...] Ils disent que c'est fait exactement comme un aigle, mais démesurément grand.

Je vous deviserai[6] un peu de ce que disent ceux qui l'ont vu, et aussi ce que j'en ai vu. Ils disent qu'il est si grand et si

1. Mogadiscio.
2. Le mot « île » signifie dans ce texte « terre lointaine ».
3. Socotra, île au large de la Somalie.
4. Entre sud et sud-ouest (voir la rose des vents, p. 88).
5. Bateaux.
6. Je vous parlerai.

puissant qu'il prend un éléphant et l'emporte en l'air bien haut sans l'aide d'un autre oiseau, puis le laisse choir à terre, si bien que l'éléphant se défait tout ; alors, l'oiseau griffon descend sur lui, le déchire, le mange et s'en repaît à discrétion[7]. Ceux qui les ont vus disent que certains sont si vastes que les ailes ouvertes courent plus de trente pas[8], et que ses pennes d'ailes sont longues de douze pas. Et elles sont très grosses, comme il convient à leur longueur. [...] Il est vrai que le Grand Can envoya ses messagers pour se renseigner sur ces îles, et une seconde fois pour faire libérer un de ses messagers qui avait été pris ; et ces messagers, et celui qui avait été pris, contèrent au Grand Can maintes grandes merveilles de ces étranges îles. Ce messager apporta à son seigneur le Grand Can une plume de l'aile dudit oiseau Roc[9] ; je la mesurai, moi Marco Polo, et la trouvai longue de quatre-vingt-dix travers de main, et ayant deux de mes paumes de tour, ce qui devait certainement être tenu pour une merveille. Le Sire s'y plut singulièrement et fit de grands présents à ceux qui la lui avaient apportée.

Et vous dis aussi très véritablement que ces messagers apportèrent au Grand Can dents de sanglier sauvage, qui étaient démesurément grandes ; le grand sire en fit peser une en ma présence, et elle pesait, d'après nos mesures, plus de quatorze livres. Vous pouvez donc savoir comment fut grand le sanglier qui telle dent avait.

Et vous dis qu'ils disent que dans cette île, il y a des sangliers qui sont grands comme un buffle. Moi-même, Marco Polo, j'ai vu les messagers, et la plume, et les dents. [...]

Extrait du chapitre CXCII.

7. À volonté.
8. Un pas équivaut à un mètre environ.
9. Autre nom du griffon. Marco Polo a peut-être vu les restes d'un Aepyornis, échassier géant exterminé au XIIe siècle.

Repérer et analyser

La situation d'énonciation

1 Relevez deux expressions insistantes par lesquelles le narrateur intervient dans son récit. Quel est le but d'une telle insistance ?

2 Montrez en citant le texte que l'énonciateur s'appuie sur ce qu'il a vu ou entendu.

Les lieux

3 Par quelles expressions l'énonciateur souligne-t-il la situation éloignée des régions qu'il évoque dans les lignes 1 à 5 ?

4 En vous reportant à la carte p. 88, dites à quel continent elles appartiennent. À quels pays correspondent-elles aujourd'hui ?

Les formes de discours

Les informations

5 Quels animaux Marco Polo évoque-t-il au début de son texte (l. 1 à 10) ?

6 En quoi sont-ils une source de richesse pour le pays ? Qu'est-ce que l'ambre, en particulier ?

Le discours descriptif : les animaux merveilleux

7 **a.** Qu'est-ce qu'un griffon pour les Européens ? Et selon Marco Polo ?

b. Relevez les mots et expressions qui en soulignent la principale caractéristique.

8 Quelle est l'anecdote racontée à propos du griffon ? Quelle est la fonction de cette anecdote ?

9 Relevez toutes les précisions chiffrées des lignes 21 à 46 : quel est leur rôle ?

10 **a.** Quelle particularité de ces deux animaux peuvent paraître incroyables pour le lecteur ?

b. Sur quels éléments concrets l'énonciateur s'appuie-t-il pour le convaincre de leur existence ?

11 Relevez des comparaisons qui font référence au monde connu des lecteurs européens.

La visée

12 **a.** Quelle est la visée de cet extrait ?
b. Par quels mots Marco Polo justifie-t-il par avance le titre qui sera donné à son livre ?

Enquêter

13 Recherchez des exemples d'autres animaux légendaires. Dites en quelques lignes à quoi ils ressemblent et à la mythologie de quel pays ils appartiennent.

14 Recherchez ce que signifiait le mot « geline » en ancien français et traduisez ensuite ce passage du *Livre des Merveilles* qui vous est donné dans sa langue d'origine. Il y est question d'étranges animaux !

« Sachiez que ils ont gelines qui n'ont nulles plumes, maiz ont poil si comme chat et si sont noires et si ont œufs comme les nôtres et sont moult bonnes a mengier. »

S'exprimer

S'exprimer à l'oral

15 Retrouvez, dans *Les Mille et une nuits*, l'aventure de Sindbad le marin qui concerne l'oiseau Roc. Lisez-la et racontez-la à la classe.

Rédiger une description

16 Faites la description d'un animal réel d'une façon précise pour que l'on devine de quel animal il s'agit sans que vous en donniez le nom.

Quatrième partie

Gargantua, Pantagruel, Le Quart Livre

François Rabelais

Portrait de Rabelais.

Introduction

Rabelais et son œuvre

La Renaissance : un rêve interrompu

Les Français cultivés du XVIe siècle donnent à leur époque le nom de « Renaissance » : par ce mot, ils veulent marquer une rupture avec le Moyen Âge qui leur apparaît, depuis les épidémies et les guerres des siècles précédents, comme une époque sombre et barbare. Émerveillés par les changements survenus dans la conception du monde, la littérature et les arts, ils ont l'impression qu'un homme nouveau, plus ouvert et plus cultivé, est en train de naître. La première partie du siècle semble donner raison à cette vision optimiste des êtres et des choses qu'on appelle l'humanisme (voir p. 137).

– Avec la découverte de l'Amérique en 1492 par Christophe Colomb, les travaux de Copernic et de Giordano Bruno sur le système solaire et le cosmos, les humanistes ont l'impression de mieux connaître le monde et de mieux comprendre l'univers.

– Depuis l'invention de l'imprimerie par Gutenberg (1448), les traductions de la Bible et des grandes œuvres de l'Antiquité ainsi que l'édition de traités scientifiques et de dictionnaires se multiplient, propageant les connaissances dans tous les domaines.

– La France découvre la culture italienne, particulièrement raffinée, qu'elle cherche à imiter : les châteaux cessent d'être des forteresses et deviennent d'élégants palais à l'architecture lumineuse, à l'image de Chambord ou de Chenonceau.

– Le nouveau souverain, François Ier (qui règne de 1515 à 1547), semble répondre à toutes les attentes des humanistes : jeune, beau, intelligent et cultivé, il réunit les artistes autour de lui, accueillant par exemple à la cour le peintre et ingénieur italien Léonard de Vinci.

Cependant, ce rêve de culture universelle et de perfection humaine se brise tragiquement : de 1562 à 1598, les guerres de religion entre catholiques et protestants – dont l'un des épisodes les plus atroces est le massacre de la Saint-Barthélemy, le 24 août 1572 – ensanglantent l'idéal humaniste et sonnent le glas de la Renaissance.

Rabelais, un homme de la Renaissance

Fils d'un avocat, François Rabelais naît vers 1494 en Touraine, à Chinon ou bien à La Devinière, à quelques kilomètres.
Sa vie agitée reflète l'immense appétit de savoir de son époque : il étudie le droit, se passionne pour le grec puis se consacre brillamment à la médecine. Mais c'est surtout en tant qu'écrivain qu'il va connaître la gloire.
Bien qu'il soit devenu moine par goût des études, il ne faut pas imaginer Rabelais enfermé docilement dans un couvent : ses différentes activités le mènent à Lyon, à Paris, à Montpellier, alors brillantes cités culturelles. Il fréquente la cour et se rend souvent en Italie.
Les trois dernières années de sa vie sont cependant plus calmes : installé près de Paris, il se consacre paisiblement à la littérature jusqu'à sa mort en 1553 ou 1554.

Des histoires de géant

Rabelais publie ses deux premiers livres, *Pantagruel* (1532) et *Gargantua* (1534) sous le pseudonyme fantaisiste d'Alcofribas Nasier (anagramme de François Rabelais). Il prend comme héros un géant emprunté à des contes traditionnels, Gargantua, et lui donne un fils, Pantagruel, dont le nom vient lui aussi de légendes populaires. Il en fait des guerriers et des mangeurs et buveurs insatiables. Dans *Le Tiers Livre* et *Le Quart Livre* publiés sous son vrai nom, il oublie leur aspect gigantesque et les embarque aux côtés de Panurge, un filou aux mille ressources, pour d'extravagantes aventures sur mer.

« La substantifique moelle »

À travers le rire, Rabelais s'interroge sur l'éducation, sur la vie en société, sur la guerre et la tolérance religieuse. S'il veut amuser son lecteur, il veut aussi l'amener à réfléchir. Son œuvre, dit-il, est à l'image d'un os qu'il faut briser pour en sucer la « substantifique moelle » qui nourrit la réflexion. Ainsi, à travers l'appétit des géants ou la glorification du vin, Rabelais célèbre-t-il l'appétit de savoir et la joie de vivre ; il invite son lecteur à respecter en l'homme ses besoins physiques comme son aspiration à la connaissance.

Extrait 1

La naissance de Gargantua

Comment Gargantua fut porté onze mois au ventre de sa mère

Grandgousier était en son temps un fier luron, aimant boire sec aussi bien qu'homme qui fût alors au monde, et il mangeait volontiers salé. À cette fin, il avait d'ordinaire une bonne réserve de jambons de Mayence et de Bayonne, force[1] langues de bœuf fumées, des andouilles en abondance, quand c'était la saison, du bœuf salé à la moutarde, une quantité de boutargues[2], une provision de saucisses. [...]

À l'âge d'homme, il épousa Gargamelle, fille du roi des Parpaillons, un beau brin de fille de bonne trogne, et souvent, tous les deux, ils faisaient ensemble la bête à deux dos, se frottant joyeusement leur lard, tellement qu'elle se trouva grosse[3] d'un beau fils qu'elle porta jusqu'au onzième mois. [...]

Gargantua, extraits du chapitre 3.

Comment Gargantua naquit d'une façon bien étrange

Les cotylédons[4] de la matrice se relâchèrent au-dessus, et l'enfant les traversa d'un saut ; il entra dans la veine creuse et, grimpant à travers le diaphragme jusqu'au-dessus des épaules, à l'endroit où la veine en question se partage en deux, il prit son chemin à gauche et sortit par l'oreille de ce même côté.

Sitôt qu'il fut né, il ne cria pas comme les autres enfants : « Mie ! mie ! », mais il s'écriait à haute voix : « À boire ! à boire !

1. Beaucoup de.
2. Œufs de mulet (poisson) séchés.
3. Enceinte.
4. Parties du placenta.

à boire ! » comme s'il avait invité tout le monde à boire, si bien qu'on l'entendit par tout le pays de Busse et de Biberais[5]. J'ai bien peur que vous ne croyiez pas avec certitude à cette étrange nativité. Si vous n'y croyez pas, je n'en ai cure[6], mais un homme de bien, un homme de bon sens, croit toujours ce qu'on lui dit et ce qu'il trouve dans les livres.

Bacchus ne fut-il pas engendré par la cuisse de Jupiter ?

Rochetaillée[7] ne naquit-il pas du talon de sa mère ?

Croquemouche[7] de la pantoufle de sa nourrice ?

Minerve ne naquit-elle pas du cerveau de Jupiter, par l'oreille ?

Adonis par l'écorce d'un arbre à myrrhe ?

Castor et Pollux de la coquille d'un œuf pondu et couvé par Léda ?

Gargantua, extraits du chapitre 6.

Comment son nom fut attribué à Gargantua et comment il humait le piot

Le bonhomme Grandgousier, pendant qu'il buvait et se rigolait avec les autres, entendit l'horrible cri que son fils avait poussé en entrant dans la lumière de ce monde, quand il braillait pour demander : « À boire ! à boire ! à boire ! » Ce qui lui fit dire : « Que grand tu as ! » (sous-entendez : le gosier). À ces mots, les assistants dirent qu'assurément il devait, pour cette raison, recevoir le nom de Gargantua, pour suivre le modèle et l'exemple des anciens Hébreux, puisque telle avait été la première parole de son père à sa naissance. Grandgousier y condescendit[8], et la chose convint tout à fait à la mère. Ensuite, pour apaiser l'enfant, on lui donna à boire à tire-larigot, puis

5. Noms déformés de la région de Beuxes (près de Chinon) et du Vivarais, à l'est du Massif Central.

6. Je m'en moque.

7. Personnages légendaires inconnus.

8. Accepta.

il fut porté sur les fonts, où il fut baptisé, comme c'est la coutume des bons chrétiens.

Et dix-sept mille neuf cent treize vaches de Pontille et de Bréhémont[9] lui furent dévolues par ordonnance pour son allaitement ordinaire. Car il n'était pas possible de trouver, dans tout le pays, une nourrice satisfaisante, vu la grande quantité de lait nécessaire à son alimentation. [...]

Il passa à ce régime un an et dix mois ; quand il parvint à cet âge, sur le conseil des médecins, on commença à le sortir et une belle charrette à bœufs fut construite grâce à l'ingéniosité de Jean Denyau, dans laquelle on le promenait de ce côté-ci, de ce côté-là, joyeusement ; et il faisait bon le voir car il portait bonne trogne et avait presque dix-huit mentons ; et il ne criait que bien peu, mais se conchiait à tout moment, car il était prodigieusement flegmatique[10] des fesses, tant par complexion[11] naturelle que par une disposition fortuite[12], qu'il avait contractée parce qu'il humait[13] trop de purée septembrale[14]. Et il n'en humait jamais goutte sans raison, car, s'il arrivait qu'il fût dépité, courroucé, contrarié ou chagrin, s'il trépignait, s'il pleurait, s'il criait, en lui apportant à boire on le rassérénait[15] et, aussitôt, il restait tranquille et joyeux.

Gargantua, extraits du chapitre 7.

9. Villages de la région de Chinon.
10. Relâché.
11. Tempérament.
12. État passager.
13. Il avalait, buvait.
14. De vin.
15. On le calmait.

Repérer et analyser

Le statut du narrateur

1 Le narrateur est-il un personnage de l'histoire qu'il raconte ? Justifiez votre réponse.

2 En vous appuyant sur les pronoms, les temps verbaux, les types de phrases, délimitez le passage où le narrateur s'adresse à son lecteur.

Le cadre et les personnages

3 Dans quelle région l'action se situe-t-elle ? Citez le texte.

4 Comment se nomment le père et la mère de Gargantua ? Relevez les substituts nominaux qui les désignent.

Un thème : le vin

Gargantua est un roman placé sous le signe du vin, considéré comme symbole de la bonne humeur et source de l'inspiration.

5 **a.** Relevez au fil du texte les mots et expressions qui appartiennent au champ lexical du vin et de la boisson.
b. En vous aidant de la note 14, dites ce que désigne l'expression « purée septembrale » (l. 61-62). Identifiez la figure de style utilisée.

6 Quels jeux de mots identifiez-vous dans le nom des régions évoquées ligne 21 ? Pour vous aider, recherchez l'origine latine du verbe « boire » et son subjonctif imparfait.

7 Quelle est la boisson préférée du nouveau-né ? Quel effet a-t-elle sur lui ? Relevez des expressions précises (l. 62 à 65).

L'étude d'un registre : le comique

Les éléments merveilleux et le comique gigantal

Le comique gigantal naît de la taille des géants et notamment des énormes quantités de nourriture qu'ils ingurgitent.

8 **a.** Quel est le champ lexical dominant dans le premier paragraphe ?
b. Relevez les mots qui expriment la quantité.
c. Sur quelle caractéristique du personnage le vocabulaire insiste-t-il ?

9 En quoi les noms des parents de Gargantua sont-ils comiques ?

10 Quels sont les aspects extraordinaires de la naissance de Gargantua (l. 11 à 21) ? En quoi cette naissance est-elle comique ?

11 Que signifie le nom du nouveau-né ?

12 À quels détails voit-on que l'enfant est un géant (l. 47 à 57) ? Quelles précisions en font cependant un bébé comme les autres ?

Le jeu sur la logique (l. 21 à 33)

13 **a.** Relevez un verbe répété trois fois. De quoi le narrateur cherche-t-il à convaincre le lecteur ?

b. Relevez une vérité générale. Vous paraît-elle convaincante ? Pourquoi ?

c. Quels points ont en commun les naissances évoquées ?

d. Quel est l'effet produit par l'ensemble ?

L'érudition fantaisiste

Rabelais se sert souvent de son érudition, c'est-à-dire de son énorme savoir, pour faire rire son lecteur. Il utilise ainsi de façon fantaisiste sa connaissance de l'Antiquité, des langues anciennes et de la médecine.

14 En quoi la précision chiffrée ligne 47 est-elle amusante ?

15 Relevez le passage dans lequel Rabelais utilise ses connaissances médicales de façon fantaisiste.

La visée

16 Quelle est la visée principale de cet extrait ? Appuyez-vous sur l'ensemble de vos réponses.

Enquêter

17 Faites des recherches sur les naissances extraordinaires de la mythologie grecque qui sont évoquées dans ce passage (l. 26 à 33).

Écrire

Écrire un récit

18 Imaginez en tenant compte de leurs noms et des précisions du texte (l. 27-28) la naissance de Rochetaillée ou de Croquemouche.

Se documenter

Le rire chez Rabelais

Gargantua est précédé d'une adresse aux lecteurs, en vers, dans laquelle l'auteur invite à lire son texte avec bonne humeur : tout ce qu'il contient n'a pas été écrit dans le but de scandaliser, mais pour amuser. Rabelais donne au rire une place capitale dans son œuvre car il est un remède aux malheurs et surtout une preuve d'humanité.

19 Lisez ce prologue dans sa langue d'origine et dans son adaptation en français moderne : quel vers vous paraît le plus important ?

Amis lecteurs qui ce livre lisez,	Amis lecteurs, qui lisez ce livre,
Despouillez vous de toute affection,	Dépouillez-vous de toute passion
Et le lisant ne vous scandalisez.	Et, en le lisant, ne soyez pas scandalisés.
Il ne contien mal ne infection.	Il ne contient ni mal ni corruption ;
Vray est qu'icy peu de perfection	Il est vrai qu'ici vous ne trouverez
Vous apprendrez, si non en cas de rire ;	Guère de perfection, sauf si on se met à rire ;
Aultre argument ne peut mon cueur elire,	Autre sujet mon cœur ne peut choisir
Voyant le dueil qui vous mine et consomme.	À la vue du chagrin qui vous mine et consume.
Mieulx est de ris que de larmes escripre,	Il vaut mieux traiter du rire que des larmes,
Pource que rire est le propre de l'homme.	Parce que rire est le propre de l'homme.

La langue de Rabelais

La langue de la Renaissance est proche de la nôtre : aussi parle-t-on désormais de « français » et non plus d'« ancien français » ou de « roman », comme aux XIIe et XIIIe siècles. Cependant, l'orthographe des mots et la construction des phrases sont différentes de celles que nous connaissons aujourd'hui. La transcription du texte d'origine dans un français contemporain facilite donc la lecture des textes.

Extraits 2 et 3

L'éducation de Gargantua

Gargantua a grandi mais il reste un parfait ignorant. Son père l'envoie alors étudier à Paris, auprès de Ponocrates (en grec « Le Laborieux »), un humaniste (voir la leçon, p. 137). Afin de comprendre pourquoi son élève ne sait rien, le professeur demande au jeune géant de se comporter comme lui ont appris ses anciens maîtres…

L'étude de Gargantua selon les règles de ses précepteurs sophistes

Il employait donc son temps de telle sorte : il s'éveillait d'ordinaire entre huit et neuf heures, qu'il fasse jour ou non.

[…] Puis il gambadait, sautillait, se vautrait sur la paillasse un bon moment pour mieux ragaillardir ses esprits animaux ; et il s'habillait selon la saison, mais portait volontiers une grande et longue robe de grosse laine grège, fourrée de renard. Après, il se peignait avec le peigne d'Almain[1], c'est-à-dire avec les quatre doigts et le pouce, car ses précepteurs disaient que se peigner, se laver et se nettoyer de toute autre façon revenait à perdre son temps en ce monde.

[…] Puis il fientait, pissait, se raclait la gorge, rotait, pétait, bâillait, crachait, toussait, sanglotait, éternuait, se mouchait en archidiacre et, pour abattre la rosée et le mauvais air, il déjeunait de belles tripes frites, de belles grillades, de beaux jambons, de belles pièces de chevreau et de force tartines matutinales[2].

Ponocrates lui faisant remarquer qu'il n'aurait pas dû s'empiffrer si brusquement au saut du lit, sans avoir fait quelque

1. Jeu de mots sur le nom d'un professeur de La Sorbonne.
2. Du matin.

exercice au préalable, Gargantua répondit : « Quoi ! n'ai-je pas fait suffisamment d'exercice ? Je me suis vautré six ou sept tours à travers le lit avant de me lever. N'est-ce pas assez ? […]

Après avoir déjeuné bien comme il faut, il allait à l'église et on lui apportait dans un grand panier un gros bréviaire[3] emmitouflé, pesant tant en graisse qu'en fermoirs et parchemins, onze quintaux six livres, à peu de chose près. Là, il entendait vingt-six ou trente messes. […]

Puis il étudiait pendant une méchante demi-heure, les yeux assis sur le livre mais, comme dit le Comique[4], son âme était à la cuisine.

Pissant donc un plein urinoir, il s'asseyait à table et, parce qu'il était d'une nature flegmatique, commençait son repas par quelques douzaines de jambons, de langues de bœuf fumées, de boutargues[5], d'andouilles et d'autres avant-coureurs de vin.

Pendant ce temps, quatre de ses gens, l'un après l'autre, lui jetaient dans la bouche, sans interruption, de la moutarde à pleines pelletées. Puis il buvait un horrifique[6] trait de vin blanc pour se soulager les rognons. Après, il mangeait selon la saison des plats à la mesure de son appétit et cessait de manger quand le ventre lui tirait.

En matière de boisson, il ne connaissait ni fin ni règles, car il disait que les limites et les bornes du boire apparaissaient quand le liège des pantoufles du buveur s'enflait d'un demi-pied en hauteur.

Gargantua, extraits du chapitre 21.

3. Livre de prières.
4. Térence, auteur comique latin.
5. Voir note 2, p. 126.
6. Épouvantable, effroyable.

Ponocrates apprend à Gargantua à mener un tout autre rythme de vie et de travail…

Comment Gargantua fut éduqué par Ponocrates selon une méthode telle qu'il ne perdait pas une heure de la journée

Gargantua s'éveillait donc vers quatre heures du matin[7]. Pendant qu'on le frictionnait, on lui lisait quelque page des saintes Écritures, à voix haute et claire, avec la prononciation requise. Cet office était dévolu à un jeune page natif de Basché, nommé Anagnostes[8]. Suivant le thème et le sujet du passage, bien souvent, il s'appliquait à révérer, adorer, prier et supplier le bon Dieu dont la majesté et les merveilleux jugements apparaissaient à la lecture.

Puis il allait aux lieux secrets excréter le produit des digestions naturelles. Là, son précepteur répétait ce qu'on avait lu et lui expliquait les passages les plus obscurs et les plus difficiles. […]

Cela fait, il était habillé, peigné, coiffé, apprêté et parfumé et, pendant ce temps, on lui répétait les leçons de la veille. […]

Ensuite, pendant trois bonnes heures, on lui faisait la lecture. Cela fait, ils sortaient, toujours en discutant du sujet de la lecture, et allaient faire du sport au Grand Braque[9] ou dans les prés ; ils jouaient à la balle, à la paume, au ballon à trois, s'exerçant élégamment les corps, comme ils s'étaient auparavant exercé les âmes. […]

Cependant, Monsieur l'Appétit venait et c'était juste au bon moment qu'ils s'asseyaient à table.

Au début du repas, on lisait quelque plaisante histoire des gestes anciennes, jusqu'à ce qu'il eût pris son vin.

7. C'était alors l'heure normale du lever pour les étudiants.

8. En grec « Lecteur ».

9. Célèbre jeu de paume de Paris.

Alors, si on le jugeait bon, on poursuivait la lecture, ou ils commençaient à deviser[10] ensemble, joyeusement, parlant pendant les premiers mois des vertus et propriétés, de l'efficacité et de la nature de tout ce qui leur était servi à table : du pain, du vin, de l'eau, du sel, des viandes, des poissons, des fruits, des herbes, des racines et de leur préparation. [...]

Après, ils parlaient des leçons lues dans la matinée et, terminant le repas par quelque confiture de coings, il se curait les dents avec un brin de lentisque[11], se lavait les mains et les yeux de belle eau fraîche, et tous rendaient grâce à Dieu par quelques beaux cantiques à la louange de la munificence et de la bonté divines. Sur ce, on apportait des cartes, non pas pour jouer, mais pour apprendre mille petits amusements et inventions nouvelles qui relevaient tous de l'arithmétique. [...]

Après, ils se divertissaient en chantant sur une musique à quatre ou cinq parties ou en faisant des variations vocales sur un thème. Côté instruments de musique, il apprit à jouer du luth[12], de l'épinette, de la harpe, de la flûte traversière et de la flûte à neuf trous, de la viole et du trombone.

Cette heure employée de la sorte et sa digestion bien achevée, il se purgeait de ses excréments naturels et se remettait à l'étude de son sujet principal pour trois heures ou plus, tant pour répéter la lecture du matin que pour poursuivre le livre entrepris et aussi écrire, apprendre à bien tracer et former les caractères antiques et romains[13].

Cela fait, ils sortaient de leur demeure, accompagnés d'un jeune gentilhomme de Touraine, nommé l'écuyer Gymnaste, qui lui enseignait l'art de chevalerie.

Changeant alors de tenue, il montait un cheval de bataille, un roussin, un genet, un cheval barbe, cheval léger, et lui faisait

10. Parler.
11. Sorte de pistachier, arbuste de la région méditerranéenne.
12. Ancêtre du clavecin.
13. Les lettres gothiques et l'écriture romaine, nouvelle, qui était plus lisible.

faire cent tours de manège, le faisait volter en sautant, franchir le fossé, passer la barrière, tourner court dans un cercle, à droite comme à gauche. [...]

Puis il brandissait la pique, frappait de l'épée à deux mains, de l'épée bâtarde, de la rapière, de la dague et du poignard, avec ou sans armure, au bouclier, à la cape ou à la rondache[14].

Il courait le cerf, le chevreuil, l'ours, le daim, le sanglier, le lièvre, la perdrix, le faisan, l'outarde[15]. [...]

Il nageait en eau profonde, à l'endroit, à l'envers, sur le côté, de tous les membres, ou seulement des pieds ; avec une main en l'air, portant un livre, il traversait toute la Seine sans le mouiller, en traînant son manteau avec les dents comme faisait Jules César. [...]

Ayant ainsi employé son temps, frictionné, nettoyé, ses vêtements changés, Gargantua revenait tout doucement et, en passant par quelque pré ou autre lieu herbeux, ils examinaient les arbres et les plantes et en dissertaient en se référant aux livres des Anciens. [...]

Ils emportaient au logis pleines mains d'échantillons ; un jeune page, nommé Rhizotome, en avait la charge, ainsi que des binettes, pioches, serfouettes, bêches, sarcloirs et autres instruments indispensables pour bien herboriser.

Une fois arrivés au logis, ils répétaient, pendant qu'on préparait le repas, quelques passages de ce qui avait été lu et s'asseyaient à table.

Gargantua, extraits du chapitre 23.

14. En se protégeant d'une cape roulée ou d'un bouclier rond.
15. Oiseau échassier.

Repérer et analyser

La progression du texte

1 Quels indices montrent que cet extrait présente l'emploi du temps de Gargantua ? Pour répondre, relevez les indications temporelles et dites quelle est la valeur du temps le plus employé.

2 Quelles ressemblances observez-vous dans la construction des passages l. 1 à 43 et 44 à 122 ? En quoi s'opposent-ils cependant ?

Un thème : l'éducation

L'éducation traditionnelle

Depuis la fin du Moyen Âge, les établissements scolaires sont soumis à l'autorité de l'Église, qui reste attachée à la tradition, en refusant toute évolution. Les châtiments corporels sont couramment employés ; l'enseignement est répétitif et sollicite uniquement la mémoire de l'élève sans jamais s'adresser à son esprit critique.

3 Faites la liste de ce que mange Gargantua (l. 11 à 36). Son alimentation vous paraît-elle équilibrée ? Justifiez votre réponse.

4 Après la nourriture, quelle est son autre principale occupation ? Appuyez-vous sur un autre champ lexical important.

5 **a.** Quelles sont ses activités intellectuelles et physiques ?
b. Gargantua respecte-t-il les principes de l'hygiène ? Justifiez.

6 En quoi cette éducation est-elle contraire à celle préconisée par les humanistes (voir la leçon ci-dessous) ?

L'éducation humaniste

L'humanisme est un courant philosophique qui place l'être humain au centre de ses préoccupations. Les humanistes attachent une importance déterminante à la culture : celle-ci doit reposer sur une redécouverte de l'Antiquité (grecque et latine) autant que sur les connaissances nouvelles (notamment dans le domaine des sciences). Pour faire un homme équilibré, l'enseignement humaniste donne aussi une grande importance aux disciplines physiques (sport, jeu, danse).

7 Reconstituez l'emploi du temps de Gargantua (de 4 heures à 21 heures) sous la forme d'un tableau selon le modèle suivant.

Horaires	Activités et matières enseignées	Professeurs	Lieux

8 **a.** Qu'est-ce qu'un précepteur (l. 53) ? Qui est celui de Gargantua ?
b. En quoi les noms des autres maîtres nous renseignent-ils sur leurs spécialités ?

9 **a.** En vous appuyant sur les expressions du texte, montrez en quoi la nouvelle éducation de Gargantua s'oppose à l'éducation précédente du point de vue de l'hygiène, des repas, des activités intellectuelles et des activités physiques.
b. En quoi correspond-elle à l'idéal humaniste ?

10 Comment Ponocrates joint-il l'utile à l'agréable dans ses leçons ?

L'étude d'un registre : le comique

Le comique gigantal

11 Quels détails amusants dans les lignes 1 à 43 rappellent que Gargantua est un géant ?

12 En quoi l'instruction reçue par Gargantua lignes 44 à 122 ne peut-elle convenir qu'à un élève aux gigantesques capacités ?

13 À quels différents champs lexicaux les énumérations appartiennent-elles ? Quel est leur rôle ?

14 Quelle part d'exagération dans cette éducation contribue au comique ?

Le comique rabelaisien

Rabelais évoque les fonctions naturelles du corps d'une façon très libre et parfois grossière. Aussi le nom de l'écrivain a-t-il donné naissance à l'adjectif « rabelaisien » qui désigne cette forme de comique franc et cru.

15 Relevez au fil des deux extraits les précisions qui illustrent cette définition du comique rabelaisien.

Écrire

Écrire à la manière de Rabelais

16 Faites l'emploi du temps d'une journée de travail dans ce qui serait pour vous un collège idéal. En suivant une progression chronologique, précisez les matières enseignées, les activités proposées, les méthodes suivies, les différents cadres spatiaux…

Extraits 4, 5 et 6

La guerre picrocholine

Une querelle éclate entre des bergers de Grandgousier et des fabricants de fouaces du pays de Lerné sur lequel règne le colérique Picrochole (en grec « Bile amère »).

Malgré les efforts de Grandgousier pour préserver la paix, l'armée de Picrochole commence à envahir et à piller son territoire. Une partie des soldats s'attaque à l'abbaye de Seuilly...

Comment un moine de Seuilly sauva le clos de l'abbaye du sac des ennemis

En l'abbaye il y avait alors un moine cloîtré nommé Frère Jean des Entommeures[1], jeune, fier, pimpant, joyeux, pas manchot, hardi, courageux, décidé, haut, maigre, bien fendu de gueule, bien servi en nez, beau débiteur d'heures[2], beau débrideur[3] de messes, beau décrotteur de vigiles[4] et pour tout dire, en un mot, un vrai moine s'il en fut jamais depuis que le monde moinant moina de moinerie ; au reste, clerc[5] jusques aux dents en matière de bréviaire[6].

Celui-ci, entendant le bruit que faisaient les ennemis à travers le clos de leur vigne, sortit pour voir ce qu'ils faisaient. En s'apercevant qu'ils vendangeaient leur clos sur lequel reposait leur boisson pour toute l'année, il s'en retourne au chœur de l'église où se trouvaient les autres moines, tout abasourdis comme fondeurs de cloches, et voyant qu'ils chantaient : « Ini - nim - pe - ne - ne - ne - ne - ne - ne - tum - ne - num - num -

1. Ou des Entamures, c'est-à-dire du Hachis.
2. Prières récitées à des heures précises.
3. Qui expédie, qui bâcle.
4. Offices religieux.
5. Cultivé.
6. Livre de messe.

ini - i - mi - i - mi - co - o - ne - no - o - o - ne - no - ne - no - no - no - rum - ne - num - num...[7]

– C'est, dit-il, bien chien chanté ! Vertu Dieu, que ne chantez-vous :

Adieu paniers, vendanges sont faites ?

« Je me donne au diable s'ils ne sont pas dans notre clos à couper si bien ceps et raisins que, par le corps Dieu, il n'y aura de quatre années rien à grappiller dedans. Ventre saint Jacques, que boirons-nous pendant ce temps-là, nous autres pauvres diables ? Seigneur Dieu, donnez-nous notre vin quotidien ! »

[...]

Ce disant, il mit bas son grand habit et se saisit du bâton de la croix, qui était en cœur de cormier[8], long comme une lance. [...] Il sortit ainsi, en beau sarrau[9], mit son froc[10] en écharpe et, avec son bâton de croix, frappa si brutalement sur les ennemis qui vendangeaient à travers le clos, sans ordre, sans enseigne, sans trompette ni tambour : car les porte-drapeau et les porte-enseigne avaient laissé leurs drapeaux et leurs enseignes le long des murs, les tambours avaient défoncé leurs caisses d'un côté pour les emplir de raisins, les trompettes étaient chargés de pampres, c'était la débandade ; il les cogna donc si roidement, sans crier gare, qu'il les culbutait comme porcs, en frappant à tort et à travers, comme les anciens s'escrimaient.

Aux uns, il écrabouillait la cervelle, à d'autres, il brisait bras et jambes, à d'autres, il démettait les vertèbres du cou, à d'autres, il disloquait les reins, effondrait le nez, pochait les yeux, fendait les mâchoires, enfonçait les dents dans la gueule, défonçait les omoplates, meurtrissait les jambes, déboitait les fémurs, débezillait les fauciles[11].

7. *Impetum inimicorum ne timueritis* (« ne craignez point l'attaque de l'ennemi »).
8. Autre nom du sorbier.
9. Sorte de manteau.
10. Partie de l'habit des moines qui recouvre la tête et la poitrine.
11. Brisait les os longs des membres.

Si l'un d'eux cherchait à se cacher au plus épais des ceps, il lui froissait toute l'arête du dos et lui cassait les reins comme à un chien.

Si un autre cherchait son salut en fuyant, il lui faisait voler la tête en morceaux en le frappant à la suture occipitopariétale. Si un autre grimpait à un arbre, croyant y être en sécurité, avec son bâton, il l'empalait par le fondement[12].

Si quelque ancienne connaissance lui criait : « Ah ! Frère Jean, mon ami, Frère Jean, je me rends !

– Tu y es, disait-il, bien forcé, mais tu rendras du même coup ton âme à tous les diables ! »

Et sans attendre, il lui assenait une volée. Et si quelqu'un se trouvait suffisamment flambant de témérité pour vouloir lui résister en face, c'est alors qu'il montrait la force de ses muscles, car il lui transperçait la poitrine à travers le médiastin[13] et le cœur. À d'autres, qu'il frappait au défaut des côtes, il retournait l'estomac et ils en mouraient sur-le-champ. À d'autres, il crevait si violemment le nombril, qu'il leur en faisait sortir les tripes. À d'autres, il perçait le boyau du cul entre les couilles. Croyez bien que c'était le plus horrible spectacle qu'on ait jamais vu.

Les uns criaient : « Sainte Barbe ! »

Les autres : « Saint Georges ! »

Les autres : « Sainte Nitouche ! » [...]

Les uns mouraient sans parler, les autres parlaient sans mourir. Les uns mouraient en parlant, les autres parlaient en mourant. [...]

Ainsi, grâce à son exploit, tous ceux de l'armée qui étaient entrés dans le clos furent déconfits, et leur nombre se montait à treize mille six cent vingt-deux, sans compter les femmes et les petits enfants, comme de bien entendu.

Gargantua, extraits du chapitre 27.

| **12.** L'anus. | **13.** Partie du thorax.

Questions

Repérer et analyser

L'enchaînement des actions

1 **a.** Relevez dans les lignes 9 à 38 les mots appartenant au champ lexical de la vigne et du vin. À quoi sont occupés les soldats ?
b. Quelle est la réaction de Frère Jean ? Par quelle raison est-il motivé ?

2 Quel temps verbal est d'abord utilisé pour raconter les actions de Frère Jean (l. 27 à 32) ? Par quel temps est-il remplacé dans la suite du récit ? Quelle est sa valeur ? Quel est l'effet produit ?

3 Relevez les verbes qui présentent les actions de Frère Jean ainsi que leurs compléments d'objet. Quels sont les deux champs lexicaux dominants ? Quelle image de la bataille donnent-ils ?

Un personnage : Frère Jean

4 Relevez dans les lignes 1 à 8 les mots ou expressions qui caractérisent Frère Jean et classez-les en trois colonnes selon qu'ils nous informent sur son physique, son caractère ou ses compétences.

5 **a.** Frère Jean accorde-t-il beaucoup d'importance aux exercices de piété ? Appuyez-vous sur des expressions du premier paragraphe.
b. Quelle est sa principale préoccupation ? Par quel jeu de mots est-elle soulignée lignes 18 à 25 ?

6 **a.** En quoi le langage et le comportement de Frère Jean sont-ils en contradiction avec ceux d'un homme d'église ?
b. De quelles qualités, de quels défauts fait-il preuve ?

L'étude d'un registre : le comique

La satire religieuse

7 **a.** Quelle est la réaction des autres moines en ces temps de guerre ? Que peut-on leur reprocher ?
b. Par quels jeux de langage et de sonorités le narrateur ridiculise-t-il les moines (l. 1 à 17) ? Quelle image donne-t-il d'eux ?

La parodie épique

On appelle récit épique un texte qui raconte les exploits guerriers de héros exceptionnels par leur force, leur courage ou leur intelligence. La parodie épique consiste à imiter avec humour les épisodes et les personnages de l'épopée.

8 **a.** En quoi Frère Jean apparaît-il comme un héros exceptionnel ?
b. En quoi sa tenue et ses actes ne correspondent-ils pas cependant à l'attitude d'un héros épique (voir par exemple p. 17 et 38) ?
c. Quelles expressions familières ou grossières montrent que nous sommes dans une parodie ?

9 Relevez des passages où le narrateur utilise le langage médical : quel est l'effet produit ?

10 Le lecteur est-il conduit à s'apitoyer sur le sort des victimes ? Pour répondre, appuyez-vous sur les procédés comiques des lignes 66 à 75 et relevez deux comparaisons dévalorisantes lignes 36 à 47.

Écrire

Écrire une parodie

11 Racontez l'affrontement des chevaliers dans le texte de Chrétien de Troyes p. 17 sous la forme d'une parodie épique.

Comparer

12 Lisez le poème d'Henri Michaux « L'âge héroïque » et comparez-le avec le texte de Rabelais : quelles ressemblances observez-vous ?

Se documenter

L'abbaye de Thélème

En récompense de son aide, Grandgousier permet à Frère Jean de fonder l'abbaye de Thélème organisée à l'inverse de toutes les autres :

« Toute leur vie était réglée non par des lois, des statuts ou des règles, mais selon leur volonté et leur libre arbitre. Ils sortaient du lit quand bon leur semblait, buvaient, mangeaient, travaillaient, dormaient quand le désir leur en venait. Nul ne les éveillait, nul ne les obligeait à boire ni à manger ni à faire quoi que ce soit. Ainsi en avait décidé Gargantua. Et toute leur règle tenait dans cette clause : FAIS CE QUE VOUDRAS. »

À son tour, Gargantua vient en aide à son père…

Comment Gargantua démolit le château du gué de Vède, et comment ils passèrent le gué

Alors Gargantua monta sur sa grande jument, escorté comme il est dit plus haut, et, trouvant sur son chemin un arbre grand et haut (on l'appelait généralement l'arbre de saint Martin, parce que c'est un bourdon que saint Martin avait planté jadis et qui avait crû de la sorte), il dit : « Voici ce qu'il me fallait ; cet arbre me servira de bourdon[1] et de lance. » Et il l'arracha de terre facilement, en ôta les rameaux et le décora pour son plaisir.

Sur ces entrefaites, sa jument pissa pour se relâcher le ventre, mais ce fut si copieusement qu'elle en fit sept lieues[2] de déluge. Tout le pissat[3] descendit au gué de Vède et l'enfla tellement au fil du courant que toute notre bande d'ennemis fut horriblement noyée, à l'exception de quelques-uns qui avaient pris le chemin à gauche, vers les coteaux.

Gargantua, arrivé au droit du bois de Vède, fut avisé par Eudémon[4] qu'il restait quelques ennemis dans le château. Pour s'assurer de la chose, Gargantua s'écria aussi fort qu'il put : « Êtes-vous là ou n'y êtes-vous pas ? Si vous y êtes, n'y soyez plus ; si vous n'y êtes pas, je n'ai rien à dire. »

Mais un ribaud[5] de canonnier qui était au mâchicoulis lui tira un coup de canon et l'atteignit à la tempe droite furieusement. Toutefois il ne lui fit pas plus de mal en cela que s'il lui eût jeté une prune.

« Qu'est-ce que c'est que ça ? dit Gargantua. Voilà que vous nous jetez des grains de raisin ! La vendange vous coûtera cher ! » Il pensait réellement que le boulet fût un grain de raisin.

1. Bâton de pèlerin (voir « Se documenter », p. 84).
2. Une lieue fait environ 4 km.
3. L'urine.
4. Le page de Gargantua.
5. Débauché.

Ceux qui étaient dans le château, absorbés au jeu de pille[6], coururent aux tours et aux fortifications en entendant le bruit et lui tirèrent plus de neuf mille vingt-cinq coups de fauconneau[7] et d'arquebuse, visant tous la tête. Ils tiraient si serré contre lui qu'il s'écria : « Ponocrates, mon ami, ces mouches-là m'aveuglent ; passez-moi quelque rameau de ces saules pour les chasser. » Il percevait les boulets de plomb et de pierre comme si ce fussent des mouches à bœufs.

Ponocrates l'avertit que ces mouches n'étaient autres que les salves d'artillerie que l'on tirait depuis le château. Alors, de son grand arbre, il cogna contre le château, abattit à grands coups les tours et les fortifications et fit tout s'effondrer en ruine. De la sorte, tous ceux qui se trouvaient à l'intérieur furent écrasés et mis en pièces. [...]

Gargantua, extraits du chapitre 36.

Grandgousier offre aux vainqueurs un gigantesque festin. Mais Gargantua a encore faim et va ramasser au jardin des laitues géantes dans lesquelles se sont cachés des pèlerins...

Comment Gargantua mangea six pèlerins en salade

Comme il commençait par les laver à la fontaine, les pèlerins se disaient l'un à l'autre à voix basse : « Que faut-il faire ? Nous nous noyons ici, au milieu de ces laitues. Parlerons-nous ? Oui mais si nous parlons, il va nous tuer comme espions. » Comme ils délibéraient ainsi, Gargantua les mit avec ses laitues dans un des plats de la maison, grand comme la tonne de Cîteaux[8], et commença à les manger avec huile, vinaigre et sel, pour se rafraîchir avant de souper. Il avait déjà avalé cinq des pèlerins. Le sixième restait dans le plat,

6. Jeu de cartes.
7. Petit canon.
8. L'énorme cuve de l'abbaye de Cîteaux, en Bourgogne, était célèbre.

caché sous une laitue et seul son bourdon dépassait. En le voyant, Grandgousier dit à Gargantua : « Je crois que c'est là une corne de limaçon. Ne mangez pas ça.

– Pourquoi ? dit Gargantua. Ils sont bons tout ce mois-ci. »

Et, tirant le bourdon, il souleva en même temps le pèlerin et il le mangeait bel et bien. Puis il but une effrayante rasade de vin pineau[9] et ils attendirent que l'on apprêtât le souper. [...]

Les pèlerins ainsi dévorés s'écartèrent du mieux qu'ils purent des meules de ses dents ; ils pensaient qu'on les avait jetés dans quelque basse fosse des prisons et, quand Gargantua but sa grande rasade, ils crurent se noyer dans sa bouche : le torrent de vin faillit les entraîner jusqu'au gouffre de son estomac. Toutefois, en sautant avec leurs bourdons comme font les pèlerins de Saint-Michel, ils se dégagèrent à la lisière des dents. Mais, par malheur, l'un d'eux, tâtant le terrain avec son bourdon pour savoir s'ils étaient en sécurité, frappa rudement dans le creux d'une dent gâtée et heurta le nerf de la mâchoire, ce qui causa une très vive douleur à Gargantua qui commença à crier, sous l'effet de la rage qu'il endurait. Donc, pour soulager son mal, il fit apporter son cure-dent et, sortant vers le noyer grollier, il vous dénicha messieurs les pèlerins, car il en extirpait un par les jambes, un autre par les épaules, un autre par la besace, un autre par la bourse, un autre par l'écharpe ; quant au pauvre hère qui l'avait frappé de son bourdon, il l'accrocha par la braguette. [...]

C'est ainsi que les pèlerins dénichés s'enfuirent à travers les vignes au grand trot et que s'apaisa la douleur.

Gargantua, extraits du chapitre 38.

9. Vin des Charentes.

Questions

Repérer et analyser

L'énonciation

1 **a.** Pourquoi le passage des lignes 78 à 80 est-il entre parenthèses ? Quel rôle joue-t-il ?
b. Qui le pronom « nous » (l. 100 et 118) désigne-t-il ?

La progression du récit

2 En vous aidant des connecteurs (mots de liaison), déterminez les parties du récit de la ligne 76 à 152 et donnez un titre à chacune.
3 **a.** Qu'est-ce qu'un gué (l. 86) ?
b. Remettez les lieux de l'action dans l'ordre où ils apparaissent dans le texte : la maison de Grandgousier ; le château de Vède ; le gué de Vède ; le jardin de Grandgousier ; le bois de Vède.
4 **a.** Dans quels lieux les pèlerins se trouvent-ils tour à tour ?
b. Quels différents dangers courent-ils ?
c. Relevez les différents connecteurs logiques dans les lignes 138 à 152. Par quel moyen les pèlerins s'échappent-ils ?

Un thème : la guerre picrocholine

5 **a.** Relevez les mots qui évoquent la guerre lignes 90 à 115.
b. Qui sont les assiégeants et les assiégés ? Qui l'emporte ?

L'étude d'un registre : le comique

6 **a.** Quelle est l'arme de Gargantua (l. 76 à 115) ?
b. Quel double usage en fait-il ? Recopiez le passage qui montre sa redoutable efficacité.
7 En quoi la jument de Gargantua apporte-t-elle une aide vraiment inattendue à son maître ? Relevez l'expression qui montre qu'il s'agit d'un cheval gigantesque.
8 Avec quoi le géant confond-il les armes et les attaques de ses ennemis (l. 95 à 109) ? Pour quelle raison ?
9 **a.** Reliez d'une flèche les expressions qui désignent la même chose, du point de vue des géants et du point de vue des hommes :

Pour les personnages gigantesques	Pour les personnages humains
L'urine de la jument •	• Un gouffre
Le plat à laitue •	• Un torrent
La bouche •	• Un déluge
Les dents •	• La tonne de Cîteaux
L'estomac •	• Un cachot
Une gorgée de vin •	• Des meules

b. Comment apparaît l'univers des géants aux yeux des hommes ?

Écrire

10 En utilisant le procédé de l'énumération et les précisions chiffrées, imaginez dans un paragraphe le gigantesque festin, offert par Grandgousier.

11 Imaginez les mésaventures d'un individu perdu dans un monde aux proportions gigantesques.

Enquêter

12 Qui est le personnage de Gulliver, créé par Jonathan Swift ? Pour quelles raisons et dans quelles circonstances se retrouve-t-il tour à tour dans la position de Gargantua et dans celle des pèlerins ?

Illustration de M. Jeanjean, Paris, Union Latine d'Éditions, 1933.

Extraits 7 et 8

La naissance et l'enfance de Pantagruel

De la nativité du très redouté Pantagruel

Gargantua, en son âge de quatre cent quatre-vingt quarante-quatre ans, engendra son fils Pantagruel de sa femme, nommée Badebec, fille du roi des Amaurotes en Utopie[1], qui mourut en couches : car il était si prodigieusement grand et lourd qu'il ne put voir le jour sans étouffer sa mère.

Mais, pour comprendre pleinement la cause et la raison du nom qui lui fut donné à son baptême, vous noterez que, cette année-là, la sécheresse fut si grande en Afrique qu'il se passa trente-six mois, trois semaines, quatre jours, treize heures et un peu plus, sans pluie, sous un soleil si furieusement chaud que toute la terre en était desséchée. [...]

Son père lui donna ce nom : *car panta*, en grec, signifie tout, et gruel, en langue mauresque, signifie *altéré*[2] ; il voulait indiquer qu'à l'heure de sa nativité le monde était tout altéré, et il voyait en esprit prophétique qu'il serait un jour dominateur des altérés. [...]

Pantagruel, extraits du chapitre 2.

1. Île imaginaire, séjour d'une société idéale décrite par l'humaniste Thomas More (1478-1535).
2. Étymologie fantaisiste.

De la douleur que manifesta Gargantua à la mort de sa femme Badebec

Quand Pantagruel fut né, qui fut bien ébahi et perplexe ? Ce fut Gargantua son père. Car, voyant d'un côté sa femme Badebec morte, et de l'autre son fils Pantagruel né si beau et si grand, il ne savait que dire ni que faire, et l'embarras qui troublait son esprit, c'était de ne pas savoir s'il devait pleurer de douleur à cause de sa femme, ou rire de joie à cause de son fils. [...]

« Pleurerai-je ? disait-il. Oui, et pourquoi ? Ma si bonne femme est morte, elle qui était la plus ceci, la plus cela au monde. Jamais je ne la reverrai, jamais je ne retrouverai sa pareille : c'est pour moi une perte inestimable ! Ah, Badebec, ma mignonne, m'amie, ma tendrette, ma braguette, ma chaussette, jamais je ne te reverrai ! Ah, pauvre Pantagruel, tu as perdu ta bonne mère, ta douce nourrice, ta dame très aimée. Ah, mort cruelle, quel mal, quel outrage tu me fais en m'enlevant celle à qui l'immortalité appartenait de droit ! »

Et, en disant cela, il pleurait comme une vache. Mais tout aussitôt il riait comme un veau, quand Pantagruel lui venait en mémoire.

« Ho, mon petit fils, disait-il, mon couillon, mon peton, que tu es joli, et comme je suis reconnaissant à Dieu de m'avoir donné un si beau fils, si joyeux, si rieur, si joli. Ho, ho, ho, ho, je suis bien aise ! Buvons, ho ! laissons là toute mélancolie ! [...] Foi de gentilhomme, mieux vaut pleurer moins, et boire davantage ! Ma femme est morte, eh bien ! par Dieu (sauf votre respect !) je ne la ressusciterai pas par mes pleurs ; elle est bien, elle est au paradis pour le moins, sinon mieux ; elle prie Dieu pour nous ; elle est bien heureuse, elle ne se soucie plus de nos misères ni de nos malheurs. C'est ce qui nous pend au nez, que Dieu garde celui qui reste ! Il faut que je pense à en trouver une autre. » [...]

Pantagruel, extraits du chapitre 3.

Comme son père, Pantagruel est un bébé d'une vigueur exceptionnelle...

De l'enfance de Pantagruel

[...] Vous n'avez jamais entendu parler d'une enfance aussi prodigieuse que celle de Pantagruel, car c'était chose difficile à croire, que la façon dont il grandit en taille et en force en peu de temps; et ce que fit Hercule qui, au berceau, tua les deux serpents n'était rien, car ces serpents étaient bien petits et frêles; mais Pantagruel, encore au berceau, fit des choses bien épouvantables. [...]

Un beau jour, vers le matin, où l'on voulait lui faire téter une de ses vaches (car en fait de nourrices il n'en eut jamais d'autres, comme le dit l'histoire), il se libéra un bras des liens qui l'attachaient au berceau, vous prend la vache par dessous le jarret, lui mangea les deux tétines et la moitié du ventre, avec le foie et les rognons, et il l'aurait toute dévorée, n'eût été qu'elle poussait d'horribles cris, comme si les loups la tenaient aux jambes; ces cris firent accourir les gens qui ôtèrent la vache à Pantagruel; mais ils eurent beau faire, le jarret lui resta entre les mains, et il le mangeait très bien, comme vous feriez d'une saucisse; et quand on voulut lui ôter l'os, il l'avala promptement, aussi vite qu'un cormoran[3] avalerait un petit poisson; et après il commença à dire: « Bon! bon! bon! », car il ne savait pas encore bien parler, voulant faire comprendre qu'il avait trouvé cela fort bon, et qu'il ne demandait qu'à recommencer. Voyant cela, ceux qui le servaient le lièrent avec des câbles gros comme ceux que l'on fabrique à Tain pour transporter le sel à Lyon[4], ou comme ceux de la grande nef *Françoise*[5] qui est au port du Havre en Normandie. [...]

3. Oiseau palmipède.
4. À Tain, sur le Rhône se trouvaient une corderie et un entrepôt de sel.
5. « La Grande Françoise » était un énorme navire.

Mais voici ce qui arriva un jour de grande fête où son père Gargantua donnait un beau banquet à tous les princes de sa cour. Je crois bien que tous les serviteurs de la cour étaient si occupés au service du festin que l'on ne se souciait pas du pauvre Pantagruel, et ainsi il était laissé *en plan*. Que fit-il ?

Ce qu'il fit, mes bonnes gens ? Écoutez.

Il essaya de rompre les chaînes du berceau avec les bras ; mais il ne put, car elles étaient trop fortes. Alors il trépigna tant qu'avec ses pieds il brisa le bout de son berceau, fait pourtant d'une grosse poutre de sept empans[6] au carré, et, dès qu'il eut mis les pieds dehors, il se laissa glisser du mieux qu'il put, de sorte qu'il touchait terre avec ses pieds, et alors avec grande vigueur il se mit debout, emportant sur l'échine son berceau ainsi lié, comme une tortue qui monte contre une muraille ; et à le voir on avait l'impression que ce fût une grande caraque[7] de cinq cents tonneaux qui fût debout. En cet appareil, il entra dans la salle où l'on banquetait, et si crânement[8] qu'il épouvanta bien l'assistance ; mais, parce qu'il avait les bras liés à l'intérieur, il ne pouvait rien prendre à manger mais se baissait à grand' peine pour prendre avec la langue quelque lippée[9]. À cette vue, son père comprit bien qu'on l'avait laissé sans lui donner à manger, et il ordonna de le délier de ces chaînes. […] On le fit asseoir, il se nourrit fort bien, et mit son berceau en plus de cinq cent mille morceaux, d'un seul coup de poing qu'il donna au milieu, par dépit, en jurant de ne jamais y retourner.

Pantagruel, extraits du chapitre 4.

6. Voir note 6, p. 9.
7. Grand bateau.
8. Fièrement, avec hardiesse.
9. Bouchée.

Repérer et analyser

L'énonciation

1 **a.** Par quel pronom le narrateur s'adresse-t-il à ses lecteurs ? Donnez des exemples.
b. Relevez les passages dans lesquels le narrateur cherche à susciter l'intérêt de ses lecteurs.

La naissance de Pantagruel

2 Relevez les mots appartenant au champ lexical de la naissance dans les lignes 1 à 16.
3 Qui sont les parents de Pantagruel ? Quelles caractéristiques en font des personnages extraordinaires ?
4 **a.** Que signifie le nom de Pantagruel ? Citez le texte.
b. Quelles sont les deux raisons pour lesquelles l'enfant est appelé ainsi (l. 6 à 16) ?

Le monologue de Gargantua

5 Qu'est-ce qu'un monologue ? Délimitez celui du texte.
6 **a.** Relevez tous les mots qui montrent l'incertitude de Gargantua (l. 17 à 22). Quelle est la raison de son embarras ?
b. Relevez les comparaisons qui soulignent son attitude contradictoire dans la suite du passage. Sur quel jeu de mots reposent-elles ?
7 **a.** À qui Gargantua s'adresse-t-il tour à tour (lignes 23 à 46) ?
b. Relevez les substituts nominaux qui désignent Badebec et Pantagruel (l. 23 à 38) : quels sentiments traduisent-ils ?
8 Relevez les expressions qui montrent le chagrin de Gargantua. Quelle part de comique contient cependant son discours ?
9 **a.** Relevez les arguments qu'utilise Gargantua pour se consoler (l. 35 à 46).
b. Quel moyen emploie-t-il aussi pour oublier sa peine ?

Un personnage : Pantagruel (l. 47 à 98)

10 **a.** Quels détails indiquent que Pantagruel est encore un bébé ?
b. Quelles précisions rappellent qu'il est un géant ?

11 **a.** Quels exploits montrent la force prodigieuse de Pantagruel ?
b. À quel personnage mythologique est-il comparé ?
c. Relevez au fil du texte d'autres comparaisons amusantes.

12 **a.** De quels traits de caractère l'enfant fait-il preuve ? Pou répondre, appuyez-vous en particulier sur les verbes d'action.
b. En quoi ressemble-t-il à son père Gargantua (voir p. 126 à 128) ?

Écrire

Rédiger un monologue

13 Vous allez quitter un lieu où vous avez passé de bons moments. Écrivez un monologue dans lequel vous envisagerez les avantages et les inconvénients de cet événement.

S'exprimer à l'oral

14 Le géant est un personnage présent dans de nombreux récits. Recherchez les noms des plus célèbres d'entre eux et présentez leur histoire sous forme d'exposé.

Enquêter

15 À quels adjectifs les noms de Gargantua et Pantagruel ont-ils donné naissance ? Quel est leur sens ? Employez-les dans un court paragraphe.

xtrait 9

.es moutons de Panurge

Devenu adolescent, Pantagruel part étudier à Paris. Il encontre un individu peu recommandable mais plein de antaisie qui va devenir son ami : Panurge, dont le nom signifie n grec « habile à tout ». Avec Panurge et quelques autres compagnons, Pantagruel s'embarque pour un long voyage au out fantaisiste : il s'agit d'aller consulter l'oracle de la Dive Bouteille, pour savoir si Panurge doit ou non se marier. Sur e bateau, ce dernier se dispute avec un marchand de moutons qui l'a insulté. Il décide alors de se venger…

Comment, la querelle apaisée, Panurge marchande un de ses moutons avec Dindenault

« – Patience, dit Panurge. Mais, à propos, par une faveur particulière, vendez-moi un de vos moutons. Combien ? […]

– Notre ami, mon voisin, répondit le marchand, les fins draps de Rouen seront faits de la toison[1] de ces moutons. […] Avec leur peau, on fera les beaux cuirs maroquins, que l'on vendra pour des cuirs de Turquie ou de Montélimar, ou au pire, d'Espagne. Avec les boyaux, on fera des cordes de violons et de harpes, qu'on vendra aussi cher que si c'étaient des cordes de Munich ou d'Aquila. Qu'en pensez-vous ?

– S'il vous plaît, dit Panurge, vous m'en vendrez bien un. Je vous serai redevable de mes hommages au verrou de votre porte[2]. Voici argent comptant. Combien ? »

En parlant ainsi, il montrait sa bourse pleine de nouvelles pièces à l'effigie du roi Henri[3].

Le Quart Livre, extraits du chapitre 6.

1. La laine.

2. Allusion à un signe d'allégeance féodale : le vassal devait embrasser le verrou de la porte de son suzerain.

Suite du marché entre Panurge et Dindenault

« – Mon ami, notre voisin, répondit le marchand, ce n'est viande que pour rois et princes. La chair en est si délicate, si savoureuse et si appétissante que c'est baume[4]. Je les ramène d'un pays où les pourceaux[5] (avec la permission de Dieu) ne mangent que noix de myrobolan[6]. Les truies en gestation (sauf le respect de toute la compagnie) ne sont nourries que de fleurs d'orangers.

– Mais, dit Panurge, vendez-m'en un, je vous le paierai en roi, foi d'homme de troupe ! Combien ? [...]

– Notre ami, mon voisin, dit le marchand, considérez un peu les merveilles prodiguées par Nature en ces animaux que vous voyez ici, même en un membre que vous pourriez considérer comme inutile : prenez-moi ces cornes-là et concassez-les un peu avec un pilon de fer, ou bien un landier[7], ça m'est égal. Puis enterrez en situation ensoleillée la quantité qu'il vous plaira, et arrosez-la souvent. En quelques mois vous verrez naître les meilleures asperges du monde, je ne daignerais en excepter celles de Ravenne. [...]

– Patience, répondit Panurge. Mais venons-en au fait.

– Et quand, dit le marchand, notre ami, mon voisin, vous aurai-je convenablement vanté tous les membres principaux ? Le collet, l'épaule, les gigots, le haut-côté, la poitrine, le foie, la rate, les tripes, le boyau, la vessie, qui sert à jouer à la balle ; les côtelettes dont on fait de beaux petits arcs au pays des Pygmées, pour tirer des noyaux de cerise contre les grues. [...]

– Merde, merde, dit le patron du navire au marchand. Voilà trop bonimenté, vends-le-lui si tu veux ; et si tu ne veux pas, ne l'amuse pas plus longtemps.

3. Panurge utilise de la fausse monnaie !
4. Un parfum.
5. Les cochons.
6. Fruits parfumés de divers arbres exotiques.
7. Grand chenet, pièce de métal qui supporte les bûches dans une cheminée.

– Pour l'amour de vous, je veux bien, répondit le marchand, mais ça lui reviendra à trois livres tournois l'unité au choix.

– C'est beaucoup, dit Panurge. Chez nous j'en aurais bien cinq, voire six pour la même somme en deniers. Prenez bien garde que ce ne soit trop. Vous n'êtes pas le premier, à ma connaissance, qui, voulant trop rapidement s'enrichir et réussir, est, tout au rebours, tombé dans la pauvreté et s'est même quelquefois rompu le cou.

– Va te faire voir par la fièvre quarte, dit le marchand, lourdaud stupide que tu es. [...]

– Mon bon monsieur, dit Panurge, vous vous échauffez sous le harnois, à ce que je vois et comprends. Tenez, voilà votre argent. »

Après avoir payé le marchand, Panurge choisit dans tout le troupeau un beau et grand mouton, et il l'emportait criant et bêlant, et tous les autres moutons, en l'entendant, bêlaient et regardaient de quel côté on emmenait leur compagnon. [...]

Le Quart Livre, extraits du chapitre 7.

Comment Panurge fit noyer en mer le marchand et ses moutons

Subitement, je ne sais comment – l'incident fut soudain, je n'eus loisir de l'analyser –, Panurge, sans en dire davantage, jette en pleine mer son mouton criant et bêlant. Tous les autres moutons, criant et bêlant sur le même ton, se mirent à se jeter et à sauter en mer après lui, à la file. On se pressait : c'était à qui serait le premier à y sauter après son compagnon. Il n'était pas possible de les en empêcher, comme vous connaissez le naturel du mouton, qui est de toujours suivre le premier, de quelque côté qu'il aille. Aussi, comme le dit Aristote[8] (*Histoire des animaux*, livre 9), c'est l'animal le plus sot et le plus stupide du monde.

Le marchand, tout affolé de voir sous ses yeux ses moutons se noyer et disparaître, s'efforçait de les en empêcher et de les retenir de toutes ses forces. Mais c'était en vain. Tous, à la file sautaient dans la mer et disparaissaient. Finalement, sur l tillac[9] du navire, il en saisit par la toison un grand et fort croyant ainsi le retenir et, à sa suite, sauver le reste. Le mouton fut si fort qu'il entraîna avec lui le marchand dans la mer, et il se noya ; ainsi les moutons de Polyphème, le Cyclope borgne entraînèrent hors de la caverne Ulysse et ses compagnons. Les autres bergers et moutonniers en firent autant, les prenant les uns par les cornes, les autres par les pattes, les derniers par la toison. Tous pareillement furent entraînés en mer et noyés misérablement.

Le Quart Livre, extraits du chapitre 8

Illustration de Dubout.

8. Philosophe grec.

9. Pont supérieur d'un navire.

Repérer et analyser

Les relations entre les personnages

1 **a.** Quelle demande Panurge formule-t-il ? Citez le texte.
b. Quel mode et quel temps emploie-t-il essentiellement ?
c. Panurge s'exprime-t-il avec politesse ou agressivité ? Justifiez.

2 À quoi voit-on que le marchand veut se moquer de Panurge ? Quel personnage fait accélérer les choses ?

3 **a.** Relevez les termes par lesquels le marchand s'adresse à Panurge.
b. À quelle ligne change-t-il de ton ? Pour quelle raison ?

4 Quelle phrase de Panurge contient une menace voilée ?

La description

5 Relevez les termes utilisés par le marchand pour caractériser la chair de ses moutons. Sont-ils valorisants ou dévalorisants ?

6 **a.** Quelles sont les parties du mouton que l'on mange ?
b. Faites une liste des parties non comestibles. Quelles utilisations en est faite ? Citez précisément le texte.

7 La description des moutons est-elle conforme à la réalité ou est-elle exagérée ? Justifiez votre réponse.

Le déroulement des actions

8 Quelle action inattendue Panurge accomplit-il ? Relevez les mots qui montrent la rapidité des faits.

9 Quels verbes sont répétés de la ligne 56 à la fin ?
Quelle caractéristique du mouton est mise en évidence ?

10 Qu'arrive-t-il au marchand et aux autres gardiens du troupeau ?

Enquêter

11 Comment se comportent les personnes que l'on traite de « moutons de Panurge » ? Qu'est-ce qu'un comportement moutonnier ?

Index des rubriques

Repérer et analyser

Se documenter

Comparer

Écrire

Étudier la langue

Enquêter

Étudier une image

S'exprimer à l'oral

Table des illustrations

Iconographie : Hatier Illustration
Principe de maquette : Mecano-Laurent Batard
Mise en page : Alinéa
Cartes et schémas : Domino
Imprimé en France par Hérissey (Évreux)
Dépôt légal : 33439 - mars 2005 - N° d'imprimeur : 98(